本项目研究获教育部2011年度人文社会科学研究青年基金项目（项目编号:11YJC760039）
和蚌埠学院2012年淮河文化研究专项基金资助

蚌埠学院淮河文化研究中心
蚌埠市淮河文化研究会 研究文库

尘封的绝响

钟离国钟磬乐器研究

李清 杨和平 李敬民 著

苏州大学出版社

图书在版编目(CIP)数据

尘封的绝响：钟离国钟磬乐器研究 / 李清，杨和平，李敬民著. —苏州：苏州大学出版社，2013.4
(蚌埠学院淮河文化研究中心、蚌埠市淮河文化研究会研究文库)
ISBN 978-7-5672-0491-1

Ⅰ.①尘… Ⅱ.①李… ②杨… ③李… Ⅲ.①编磬—古乐器—研究—凤阳县 Ⅳ.①K875.54

中国版本图书馆 CIP 数据核字(2013)第 080281 号

尘封的绝响

——钟离国钟磬乐器研究

李 清 杨和平 李敬民 著

责任编辑 刘诗能

苏州大学出版社出版发行
(地址：苏州市十梓街1号 邮编：215006)
苏州市深广印刷有限公司印装
(地址：苏州市高新区浒关工业园青花路6号2号厂房 邮编：215151)

开本 700 mm×1 000 mm 1/16 印张 13 字数 192 千
2013年4月第1版 2013年4月第1次印刷
ISBN 978-7-5672-0491-1 定价：78.00元

苏州大学版图书若有印装错误，本社负责调换
苏州大学出版社营销部 电话：0512—65225020
苏州大学出版社网址 http://www.sudapress.com

目　录

序

由蚌埠学院李清老师、浙江师范大学杨和平老师、河南信阳师范学院李敬民老师撰著的《尘封的绝响——钟离国钟磬乐器研究》一书即将出版,此书研究的青铜编钟和石磬均为我近几年领队主持的考古所获,也是我们邀请该课题组老师们主持研究的项目之一。该课题组治学严谨,自接受对钟离国墓葬出土编钟、石磬测音研究项目以来,虚心求教,一门心思地进行策划组织,安排相关专家参与,可谓认真负责、一丝不苟,最终撰著成书。这是该课题组刻苦钻研和辛勤劳动的结晶,精神可嘉,值得学习借鉴。他们要我为该书写序,实不敢当,因为我对音乐是门外汉,又不能推脱掉我们之间在协作科研工作中建立起来的友谊,在此罗列一些相关文字也补此缺。

自 20 世纪 80 年代以来,在安徽省舒城九里墩、凤阳大东关和卞庄、蚌埠双墩等地先后发现与考古发掘钟离国王陵或贵族墓葬五座,这是安徽周代诸侯国考古最重要的新发现。1980 年发掘的舒城九里墩墓依据其青铜器特征和"钟离公鱼"、"蔡侯戈"等铭文,对该墓葬的属性有:钟离国墓、群舒墓、蔡侯墓、楚墓等不同之说;1991 年和 2007 年凤阳钟离古城西侧大东关墓 M1 和古城北侧卞庄墓 M1 出土器物相同,卞庄墓出土 5 件青铜镈钟上发现"孙钟离柏之季子康"等铭文。由此,凤阳大东关 M1 与卞庄 M1 均为钟离国王陵或贵族墓葬。蚌埠双墩村有两座高大封土堆墓葬,通过 2006 年至 2008 年对一号墓的发掘,其墓坑结构为特殊圆形,还发现许多从未见过的遗迹现象,出土了大量精美青铜器、彩陶器等文物,在 9 件钮钟和簠等青铜器上均发现有"钟离君柏"等铭文,该墓葬为钟离国一座王陵,被评为 2008 年度中国十大考古新发现之一。这批钟离国墓葬的发现和发掘首次以实物证明文献中有关钟离记载的事实,为研究周代列国历史和钟离国历史以及淮夷文化等提供了极其重要的考古学科研资料。

目前经考古发现和发掘的五座钟离国墓葬除蚌埠双墩村二号墓未发掘外,其余四座墓葬考古材料均分别得到及时的整理研究并发表或出版了成果报告、简报等。如:《凤阳大东关与卞庄》,科学出版社2010年;《安徽九里墩春秋墓》,《考古学报》1982年第2期;《安徽蚌埠双墩一号春秋墓发掘简报》,《文物》2010年第3期;《安徽蚌埠双墩一号春秋墓葬》,《考古》2009年第7期;《钟离君柏墓发掘报告》,《考古学报》2013年第2期;《蚌埠双墩一号春秋墓发掘成果重大》,《中国文物报》2008年12月19日第4版专刊;《春秋钟离国墓的发掘收获》,《东南文化》2009年第1期;《钟离君柏墓》书稿已交付文物出版社,2013年出版发行;等等。

钟离国墓葬出土了一批重要的具有时代和个性特征的青铜器、陶器、石器、玉器等器物群,特别是乐器青铜编钟、石磬在每一座墓葬中都有数量不等的出土,其中凤阳大东关M1、卞庄M1和蚌埠双墩M1三座墓葬就出土青铜钮钟3套、镈钟2套和石磬3套。我们在对蚌埠双墩墓M1发掘材料进行整理研究中,对钟离国三座墓葬出土乐器提出并进行了协作测音研究(九里墩墓葬被盗出土1件甬钟此次未测音)。这批钟离国青铜编钟和石磬乐器的出土引起国内许多专家学者尤其是音乐界人士的极大关注,已有不少学者从不同学科角度对其进行了考察研究。如:刘信芳、阚绪杭等《安徽凤阳县卞庄一号墓出土镈钟铭文初探》,《考古与文物》2009年第3期;缪鹏《钟离国青铜器初步研究》,安徽大学硕士学位论文,2010年;等等。

这次钟离国墓葬出土编钟和石磬测音研究是安徽省至今对古代编钟、石磬乐器进行的最为深入、系统、规模最大的科研工作之一。通过对凤阳大东关M1、卞庄M1和蚌埠双墩M1三座墓葬出土5套青铜编钟和3套石磬测音研究,除了具有一些个性的双音节外,证明地处淮河中游地区的钟离国,所出土的青铜编钟和东南方的徐、郝、吴、楚、曾等国墓葬出土的青铜编钟音阶雷同,特别是具有楚国出土青铜编钟乐器的音韵风格。春秋战国时期楚国的势力逐步东渐进入淮河中游地区,钟离国最终沦为楚国属地,受到楚文化的影响是不言而喻的。楚国墓葬考古资料极为丰富,出土青铜编钟乐器也非常之多,其精进的铸造、优越的性能、宏大的规模等具有多方面的特征,在中国乐器发展史上占有极为重要的地位。钟离国编钟乐器的测音研究成果填补了这个地区和钟离国音乐学的空白,基本弄清其音阶的属性,丰富和拓展了钟离国与东南方诸国文化之间关系研究的内容和范围,其研究成果具有重要的学术价值和意义。

根据有关资料,东南方诸国青铜编钟自身的发展是随着历史进程而演变成熟和衰亡。以典型的楚国青铜编钟为例,在西周中晚期至春秋中期的楚国编钟的基本形制、纹饰风格、组合、铭文以及音乐性能方面均与中原编钟大体一致。春秋中期至战国初的楚国编钟的体形和纹饰、铭文字体已具有新的风格,由过渡形转变为成熟形。战国早期至战国晚期楚国编钟有所变化,形体修长、于口弧大的特点显现,铸刻铭文的现象已不再风行,铭文虽内容多样,但形式单一。由此,楚国乐器编钟从发生发展到鼎盛后而衰亡均与国之兴衰和社会的发展相伴始终。楚国编钟与中原编钟在钟体发音相关的结构和类型等方面具有一定的共性,而钟体纹饰母题及风格、钟铭字体、音列设置、组合形式、在墓葬中的摆放乃至用乐规范等又有所不同。

钟离国三座墓葬出土编磬3套,但多因残断或不全而失音,难以通过测音研究来复原其音阶组合,未能解决其规律性和音韵特征。这批石磬利用形体的大小长短厚薄和角度等来进行调音的制作技术手法明显,还有龙首形个性特征的组合编磬等。

根据有关资料,石磬早在龙山时代的许多地方就已同时出现,蕴含了特殊的社会功能和政治色彩。起初石磬不是统治者晏享的乐器,例如《墨子·非乐》云:"(夏)启乃遥溢,唐乐于野,欲食将将,铭苋磬以力,湛浊于酒,渝食于野,万舞翼翼,章闻于天。"由此可知,石磬既是祭祀用器,也是指挥作战的特殊工具,是"王权"的象征。甲骨文中,"磬"字形象是一人站立作槌击悬石之状。磬乐是祭祀、大飨食等大型典仪不可或缺的声音,且有极强的等级意义。在夏商周三代,不仅设有专职的乐官,还设有专门的磬师。龙山文化时期的石磬都是以单件形式出现的,学术界将这种没有成组成编的磬称为特磬。从现有的考古材料看,成编的磬乐(编曲磬)大约到商代晚期才开始出现。

衷心祝贺该课题组这本专著的出版，愿该课题组的老师以此为新的起点，继续在音乐考古测音研究方面深入开拓，不断取得新成果。

阚绪杭

2012 年 11 月 24 日于合肥

绪　论

一、关于钟离国

钟离国是史籍中记载甚少的先秦小国。《史记·秦本记》称钟离为“终黎”,与秦国同为嬴姓,后受分封而以国为姓。根据史料推测,钟离氏源自山东,后迁至安徽蚌埠和凤阳一带。钟离国是淮河中游的一个重要方国,观其地望,是淮左通向淮右的重要据点,因而一直受吴、楚两个大国的争夺和挟持,最终成为大国兼并战争的“牺牲品”。20 世纪 80 年代以后,安徽省舒城九里墩、凤阳大东关与卞庄、蚌埠双墩三地先后发现 5 座春秋时期钟离国墓葬,安徽凤阳县临淮关镇东发现钟离国古城遗址,成为考证春秋钟离国有力的证据,佐证了《左传》中有关钟离国有限的文献记载。根据《左传》记载,公元前 576 年鲁成公“会吴于钟离,始通吴也”;公元前 538 年冬,“楚箴尹宜咎城钟离以备吴”;公元前 518 年钟离被吴王僚所灭。由此可见的钟离国历史,前后约有 58 年。

钟离国地处淮河中游,《左传》中有关记载大都是在提到某项重要事件时将其顺带上,并没有反映其真实的历史,其实际建国的时间可能比《左传》中记载的要早。

二、关于钟

“关关雎鸠,在河之洲……窈窕淑女,钟鼓乐之。”①

钟在辽阔的中国大地无处不在。钟声,从远古一直响到今天,悦耳悠

① 程俊英、蒋见元《诗经注译》第 1 页,岳麓书社,2000 年。

扬，沁人心脾。然而，古人是由万能的自然中的什么启迪而制造出“钟”这一器物，又是如何看待这一特定的器物，并对其进行概括和界定的呢？今天，要解开这样一个千古文化之谜，我们仅能依据祖先给我们遗留的文献和实物来进行诠释和阐述，凭借遗留实物来考证和印证了。

钟，一种中空的、由外部发力撞击能发声响的容器，由角、竹、木、陶瓷等所制，然而最多见的则是铜质和铁质。

中国是制造和使用乐钟最早的国家。青铜编钟使用盛行于青铜时代，这与当时乐律学、声学和青铜冶炼技术的高度发达分不开。中国编钟独特的合瓦形钟体结构和一钟双音的现象，显示了我国古代“金石之乐”的高超水平。

在中国古代，钟用于祭祀或宴乐，当木槌撞击钟发出声音时，它唤起的是人们对事件的重视和心灵深处的祈望。在我们祖先创造的璀璨的古代文明里，钟不仅成为了人类精神领域内有形、有义且有声的物质存在，而且成为了人与自然、与神祇、与宇宙进行无限对话的工具。自从钟及钟声诞生后，它便伴随着人类由远古走到了今天的文明时代。人类对那悠扬钟声的依赖心理，便也从此在心灵深处，一天天、一年年地沉淀。终于，人们找到了发泄的机会，这便是铸钟、敲钟，敲钟、再铸钟的往复。从此，这个民族成为了钟的王国。那悠扬的钟声，让人们沉浸其中，钟声不仅能与人的心灵对话，而且和宇宙产生着共鸣①。

钟的原始创造，段玉裁先生写得非常清楚，是来源于“秋分之音”②。

由此可见，“钟”及钟声是祖先依时令所发之声而受启发得来。对钟的追求，当然是以自然、悦耳为标准。这也是钟最终成为人们观念中圣器、宗教中法器的必然。人们在长期的生产过程中，祈望有一种超越自身的力量能与巨大的自然对话，与茫茫的宇宙和星空对话，与心灵深处的巨大恐惧抗衡的工具——夜深人静的钟声，恰好弥补了人们心灵的空缺，满足了人们随钟声产生遐想的需求。于是“分乐而序之，以祭，以享，以祀。乃奏黄钟，歌

① 于弢《中国古钟史话》第 1 页，中国旅游出版社，1999 年。
② 同上书，第 4 页。

大吕，舞《云门》，以祀天神；乃奏大蔟，歌应钟，舞《咸池》，以祭地示；乃奏姑洗，歌南吕，舞《大韶》，以祀四望……"①，"钟鼓喤喤，磬筦将将，降福穰穰"②，便成为了祖先们表达意愿的最好方式和办法。其目的在于让那声声入耳的钟声，将美好的愿望一并带入人的心灵深处，让这种美好的祈望，与苍穹融为一体。宋应星在《天工开物》中说得很明白："凡钟为金乐之首，其声一宣，大者闻十里，小者亦及里之余。故君视朝、官出署必用以集众……幽起鬼神之敬。"因为钟是"金乐之首"，悦耳的钟声便随着祖先们进一步的想象，由自然的威严转变为头人、宗族领袖及国家君主的威严，成为现实生活中君临天下，召唤群臣的政治手段和形式，原始意义和演变后引申的人文价值，使其成为礼乐教化的重要手段③。

在人类创造的发声器物中，钟声以单击发声宏亮，持续时间较长，音域变化丰富而受到人们的钟爱。对音质纯净、音域变化的追求，为先民们多样式铸钟奠定了基础。于是在钟的家族中，依据不同地域、不同文化背景和不同音质追求的各种类别款式的钟相继产生。殷商（公元前1600—公元前1046）的黑暗和沉溺歌舞的世风，为我们今天诠释古代钟及钟声找到了最为合适和最为合理的注脚。春秋（公元前770—公元前476）诸国的纷争和形成的多元文化，产生了镛、铎、铙、钲等不同样式的古钟。从西周（公元前1046—公元前771）中期底边口弧形，顶端拥有一个长棒的甬钟，到挂钮呈"冂"字形的钮钟，再到单独使用，底口平，纽具纹兽的"冂"字形镈钟，这些千姿百态的古钟使我们看到了祖先们丰富的想象力和巨大的创造力，以及一丝不苟的精神④。

甬钟、镈钟和钮钟是编钟的三种主要形制，也是青铜编钟发展衍变的主线。青铜编钟是反映中国地域文明演进过程的一类典型器物，其起源与发展主要是在中国的地域范围内发生的，古往今来，青铜编钟的铸制与应用是中华民族传统文化——礼乐文化的重要载体。关于青铜编钟的研究，宋代

① 杨天宇《周礼译注》第327页，上海古籍出版社，2004年。
② 程俊英、蒋见元《诗经注译》第321页，岳麓书社，2000年。
③ 于弢《中国古钟史话》第6页，中国旅游出版社，1999年。
④ 同上书，第25页。

以前是以对经史文献的疏证为主的，由于史世动乱、朝代更替经常发生，致使青铜编钟的铸制技术与使用制度时有遗失，后世常依据《周礼》及《考工记》的有关记载，来进行钟制研究和实践应用。宋代至清代，青铜编钟研究主要限于金石学研究范畴，金石学著作纷纷问世，其中著录的青铜编钟实物及评述为研究、制作和应用青铜编钟提供了一定的借鉴。

编钟出现在商代，兴起于西周，盛行于春秋战国至秦汉，自宋以来渐渐衰退①。

编钟是我国古代的重要打击乐器，因能奏出歌唱一样的旋律，所以被称为"歌钟"。它是依钟的大小不同而有次序地悬挂在木制钟架上，用木槌敲击发音，音色清脆、悠扬、穿透力强。古代编钟常用于宫廷雅乐，每逢征战、宴会、祭祀，都要演奏编钟。它可以独奏、合奏或为歌唱、舞蹈伴奏。古时，编钟是统治者专用的乐器，也是名分、等级和权力的象征，只有在天子、诸侯行礼作乐时方能使用，即"钟鸣鼎食"。

中国的编钟，是针对我们讨论的"圆形钟"而言的。编钟因其"皆扁如合瓦"故又称"扁钟"，即编钟的肩部（古称"舞"的位置），形如中国传统屋瓦的两片合形。此外，编钟因为组合"成编"故又有编钟意。

编钟各部有其固定的称呼：上半部分称"钲"，钟壳体外表有阴刻花纹和圆钟乳，又称钟枚。钟体下部称"鼓"，即撞击发音的位置。钟口弧形弯曲，称"曲于"，古又称为"于"。钟体内壁高低不平，甚至有深沟槽，均为调音磨锉所致。编钟以斜形悬挂而牢固，置法与圆形钟有明显不同。

由于编钟特有的形状与结构，造成了它不同于圆形钟的独特发声特性。圆形钟声音宏亮、悠长；而编钟的钟口弯曲，钟体表面铸以钟乳，以其声音较快衰减并拥有双音为特点。这种对声音效果的不同追求，最终导致圆形钟以娱神、编钟以娱人为目的的两个钟的世界②。

铃，一种摇奏体鸣乐器，《说文》解释为"令丁也"，"令丁"即铃铛。王念孙《广雅疏证》卷上"谓其声令丁然也"，是解释"铃"得名的由来；《广韵》称

---

① 于弢《中国古钟史话》第25、102、103页，中国旅游出版社，1999年。

② 同上书，第62－63页。

“铃,似钟而小”,是解释“铃的形制”。在先秦的文献里,关于铃的记载很少,年代也较晚。从考古发现来看,其年代可以追溯到仰韶文化后期,距今约6000年。而出土的大都为车马铃和装饰铃,地点在黄河流域的马家窑、仰韶、大汶口和龙山等地。“铃”与“钟”的自鸣与助鸣不仅使二者在名称上区别开来,更造就了“钟”以后所包含的许多“人为”的社会因素。在理论界,有学者认为中国铜钟起源于铜铃,并认为铃与钟之间具有共同的形状特点,即“钟侧有扉棱,钟于或平或曲,横截面为椭圆”①。

中国“钟”起源于何时,现存史籍记载不一。《山海经·海内经》说:“炎帝之孙伯岐生鼓延,是始为钟。”《吕氏春秋·仲夏纪》说:“昔黄帝令伶伦作为律……黄帝又命伶伦与荣将铸十二钟,以和五音,以施《英韶》,以仲春之月,乙卯之日,日在奎,始奏之,命之曰《咸池》。”又说:“夏桀、殷纣作为侈乐,大鼓钟磬管箫之音,以巨为美,以众为观……”还说:“钟始于黄帝。”②《管子·五形篇》:“昔者黄帝以其缓急作五声,以政五钟。令其五钟,一曰青钟大音;二曰赤钟重心;三曰黄钟洒光;四曰景钟昧其明;五曰黑钟隐其常。”《礼记》卷三十一《明堂位第十四》则说:“垂”是传说中尧的铸钟工匠。所以郑玄曰:“垂,尧之共工也。”孔颖达疏:“垂之和钟者,垂之所作调和之钟。”远古传说的多样性,在今天已难以考查。但是,历年来的考古发现,为论证中国古钟的起源提供了可靠依据。

上古时期的古钟,因受制作材料的限制,很难有其固定的音阶关系。作为没有音阶关系和音阶概念的一种响器的“钟”,它的作用应当是氏族群体部落发出某种信息,是人类模拟自然或自身的一种伟大创造。

到了商代,具有一定音阶关系的铜钟已经产生③。

秦汉以后,由于受到战乱的影响,铸钟工匠及乐工散亡,成为铸钟业起落兴衰的主要原因。由于在这一时期,各民族、各地区、各诸侯国之间的文化交流得到了广泛发展,从而使得笨重的编钟,在众多的外来乐器面前,逐渐失去了其原有的地位;加上编钟制造耗资巨大,民间既无财力,又无演奏

① 于弢《中国古钟史话》第88页,中国旅游出版社,1999年。
② 见《吕氏春秋·仲夏纪》。
③ 戴念祖《中国声学史》第411页,河北教育出版社,1994年。

条件，且调音困难，不易搬动，只能在宫廷演奏，这就决定了编钟只能远离民众，成为宫廷贵族享用的乐器。铸钟技术在这段时间里曾多次失传的史实，就成为诠释这段历史最好的注脚。

最原始的中国古钟，其形制与中空都是以“合瓦形”而存在的。中国古钟形制的丰富多彩，是随着考古的发现和世传遗留的征集，而为人们逐步认识到的。从审美意义上来说，形制丰富代表着先人们所处的那个年代、那一地区的审美习惯，当时君主、帝王的喜好，以及铸造技术等诸多因素及其包含的内容。形制丰富的关键，在于先人对钟的发声方法变化的追求。在所检索的古文献中，大量因钟的发声方法不符合造钟人的意图，或因钟律不符合祖制，而将铸造好的钟销毁的记载，使我们完全有理由相信，形制丰富多样古钟的遗留，不仅仅体现了铸造工匠巧夺天工的技能，更重要的是从这些有形的古钟当中体察到无形的钟声和钟律的变化①。

西周是奴隶制鼎盛、统治经验更加成熟的王朝，“宫廷雅乐”即诞生在周公姬旦摄政的时代里。

当时的乐器，按制作材料分为金、石、土、革、丝、木、匏、竹八类，即所谓“八音”。然而多数还是敲击乐器，最突出的则是成系列悬挂在架上的编钟和编磬。可以说，“宫廷雅乐”是以特钟、编钟能奏出“金石之声”，并能决定雅乐的调性和旋而得名的②。

从考古发现的编钟常常出现在先秦时期的贵族墓中这一史实来看，雅乐的乐器是以编钟为主要群体的发声器。而俗乐中由于编钟自身诸多因素的影响，仅能以特钟或圆形钟的形式逐步形成自己的系统。雅乐使钟具有了高贵的身份，但却葬送了钟进一步发展的前途③。

盛唐气象是中国历史乃至中国文化领域独有的现象，对钟及钟声的追求，在盛唐诗歌中有集中丰富的体现，钟及钟声起到了迎合、启发、呼唤盛唐追求博大精神的作用。据《晚唐钟声》一书介绍：“《全唐诗》（含《外编》）中具有钟声意义的语词共出现1206次。”共有二百八十多位诗人写到钟声，而

---

① 见于弢《中国古钟史话》第112－121页，中国旅游出版社，1999年。
② 同上书，第132－133页。
③ 同上书，第136页。

像陈子昂、王维、孟浩然、李白、杜甫、白居易、李商隐等著名诗人,更是无一不写到过钟声。从杜甫的“欲觉闻晨钟,令人发深省”到“前庭列钟鼓,广殿延群臣”,以及张继的“姑苏城外寒山寺,夜半钟声到客船”等大量描写钟及钟声的诗句可以看出,钟及钟声在盛唐之时已将作为娱人乐器的成分远远地抛开,超越了一般性的文化意义。盛唐时期,以钟声(不是乐声)单一的声响来作为寓意和歌颂太平盛世、万民乐业的景象,在历史的长河中是不多见的。盛唐诗歌当中对钟及钟声的描写,不管是君主对自身优越地位的惬意比喻,还是庶民对升平歌舞的欢欣,都是在钟及钟声具有了独特社会地位和固有观念地位的基础上形成的。“寥亮来丰岭,分明辨古钟。”“古木无人径,深山何处钟。”“古刹疏钟度,遥风破月悬。”盛唐气象的最大特点,莫过于对佛学的包容,钟由此一步步迈入人类灵魂的领域,从而使得钟及钟声在唐诗中成为一种不可忽视的文化现象,并通过这些盛唐诗歌而得以保留①。

“钟”入佛门以后,便有了梵钟与唤钟之分。“梵”者,古印度语音译,即表示远离尘世,处清净之地之义。这是“佛”来自印度抹不去的印记,也是“钟”进入中国佛门后留下的最为明显的外来文化烙印。此外,进入佛门的“钟”还可称“大钟”、“钓钟”、“撞钟”、“洪钟”和“鲸钟”等。佛门中如此接近世俗的丰富的对钟的称呼,让人窥探到佛与凡夫俗子之间那无比的贴近②。

钟以后越来越受寺庙的重视,因此,钟置于寺庙何种位置便成为寺庙的一个重要课题,以至于发展到凡有钟者均建钟楼的做法。钟楼通常是与鼓楼分居伽蓝的两翼,钟楼则建于东面,是寺院庙宇的七堂之一。

自从寺庙有钟后,寺内一切皆由钟定。

《百丈清规》卷下大众章日用轨范条:禅门补更五点,(午后十时)稍后,首由“辰司”报告时刻,继由“堂行”于堂前敲板三通,“钟司”随后便鸣钟十八声,以报坐禅终了。此十八声钟后,和尚方才可以开被安枕就寝。因此这十八声响,又称开枕钟、十八钟、定钟、初夜钟③。

① 于彀《中国古钟史话》第137页,中国旅游出版社,1999年。

② 同上书,第139页。

③ 同上书,第141页。

三、关于磬

石磬是我国古老的打击乐器,早在距今四千多年的新石器时代龙山文化早期,石磬就已经发展成了固定的敲击发声的响器了。《诗经·商颂》中就有"既和且平,依我磬声"的诗句。迄今为止,据考古资料统计,石磬多出土于中原地区。磬是一种石制体鸣击奏乐器,在我国古代有着重要地位,一度构筑起先秦时期金石之乐的辉煌,成为历代统治阶级贵族身份地位的象征。在漫长的石器时代,在长期的劳动和生活实践中,我们的祖先发现某些能发出乐音的板状石器,并逐渐将其发展为磬,运用于生活之中。由于其制作材料易寻觅,因此可以大量制造,并在各种礼乐场合使用。

磬字在甲骨文里的形状很像人手持槌以击悬石。《周礼·春官·磬师》:"磬师掌教击磬,击编钟。"可见磬与编钟的差异在古人的概念中是十分清晰的。因磬是石质制成的,所以"磬"从"石",《说文》称"磬,石乐也"。磬又称"玉磬",如《左传·成公二年》:"齐侯使宾媚人赂以纪甗、玉磬与地。""磬"的形状类似矩尺,宽而短的一端称"股",狭而长的一端称"鼓",中间有孔,悬于架上。"磬"与"钟"一样,单独悬挂的称之为"特磬",单个特磬作为氏族"鸣以聚众"的信号乐器,也是皇帝祭祀天地和祖先时演奏的乐器。《律吕精义》:"夫悬一钟一磬者,谓特急之钟磬。"所不同的是,"特磬"多是用以定音的。大小不同的磬编组悬于一架上的称"编磬",它的出现是在商代晚期①。编磬挂在木架上演奏,主要用于宫廷音乐。在举办宗庙祭祀、宗族盛宴等大典时与编钟合奏。磬的形制在《考工记·磬式》中有详细记载:"磬式为磬。倨句一矩有半。其博为一,股为二,鼓为三。参分其股博,去一以为鼓博;参分其鼓博,以其一为之厚。已上则摩其旁,已下则摩其耑。"

在远古母系氏族社会,磬曾被称为"鸣球"。当时人们以渔猎为主,劳动之后敲击着石头,装扮成各种野兽的形象跳舞娱乐。这种敲击的石头就很有可能被逐渐演变为后来的打击乐器磬。从"黄帝使伶伦造磬"以来,取片状石材制成曲尺形,上钻磨一孔,悬挂敲击(其造型又酷似古人在宗庙祭祀、

---

① 于弢《中国古钟史话》第94页,中国旅游出版社,1999年。

宗族大典中虔诚的鞠躬之礼，故有“磬折”之说）。

磬最早主要用在先民的乐舞活动中，后来它和编钟一样，用于历代上层统治者配合征战和祭祀等各种活动的雅乐中。20世纪70年代在山西夏县东下冯遗址出土了一件大石磬，长60厘米，上部有一穿孔，击之声音悦耳。经测定，此磬距今约4000年，属于夏代的遗存，这是迄今发现最早的磬的实物。

随着历史的发展，磬按其制作材料来说种类有很多，如石磬、玉磬、铁磬、铜磬等。每一种磬，大致都是用一枚到16枚石片或铁片组合而成的，它是利用石片或铁片长短厚薄的差异而发出不同的音律。

佛教的“僧磬”和上面所介绍的“乐器磬”是大不相同的。佛教的“磬”是“钵”形的。据《禅林象器笺·呗器类》（日僧无著道忠编）说：“僧磬与乐器磬，其形全别。乐器磬：板样曲折；考工记所谓倨句，一矩有半者。僧磬：如钵形；只园图经云：可受五升。可知天竺磬亦如钵器矣。又石湖梅谱，以梅花半含比僧磬，支那（中国）僧磬之制可知焉。”

佛教的“磬”，大致有圆磬（大磬）、匾磬、小手磬（引磬）等三数种。圆磬有如钵状，多用铜铁等金属制造。大者径约二三尺，高不足二三尺；小者径约半尺，高不足半尺。“匾磬”是石造的。《禅林象器笺》说：“小磬如桃大，底有窍，贯绪，连缚小竹枝为柄，以小铁桴（槌）击之，名为引磬。盖因导引众故名。”现今之引磬，已改用木柄，贯以铜线。

四、关于出土的钟离国钟与磬

20世纪80年代以后，安徽省文物考古研究所先后在凤阳大东关、卞庄与蚌埠双墩三地发现几座春秋时期钟离国墓葬，这些墓葬虽有个别遭盗毁，但大都保存较完好，均出土了大量各式精美的器物。

凤阳大东关一号墓出土文物被哄抢，经追缴的随葬品主要是青铜器，其中有两套编钟，另有鼎、敦、铲、锛、马衔、小玲，还有石磬等。两套编钟共计15件，可分为编镈钟7件和编钮钟8件，石磬4件均为残件。

凤阳卞庄一号墓出土了大量青铜器、车马器、陶器及鼎、豆等生活用具，其中金石乐器23件，包括保存较完好的编镈钟5件、编钮钟9件和编磬9件（含残件）。出土的5件编镈钟正、背面鼓部和两边侧鼓部均有铭文，最重要的是“钟离之季子康"铭文的发现,说明该墓葬是淮河流域钟离国贵族"康"的墓葬。

值得一提的是,2008 年蚌埠双墩一号钟离国国君墓的发掘更是震惊考古界。墓葬发掘中发现了许多轰动考古界的文化现象和建筑遗存。该墓出土器物共有四百多件,有铜器、彩绘陶器、石器、玉器、几何纹饰硬陶器以及海贝和金箔饰件等,其中含一套青铜编钮钟 9 件和一套龙首石磬 12 件。器物箱中还发现大量漆木器腐朽碳化的漆皮,填土层中出土二千多件"土偶"。本次发掘被国家文物局评为"2008 年度全国十大考古新发现"之一,同时获得田野考古奖。墓葬中的圆形制墓坑、呈扇面状的放射线遗迹、五色封土(杂色土)、数以千计的圆锥状土偶……令全国各地赶来的相关学科领域专家们无不感到"惊讶和震撼"①。央视科教频道"探索·发现"栏目也曾对以上诸多文化现象录制专题节目并播放。

在以上钟离国墓葬中出土的大量精美器物中,尤以青铜乐器编钟和部分石磬乐器备受学者关注。本书将分章节对这些钟磬乐器的最新研究情况逐一介绍。

---

① 见安徽省文物考古研究所、蚌埠市博物馆《安徽蚌埠市双墩一号春秋墓葬发掘简报》,《文物》,2010 年第 3 期。

第一章

钟离国的自然景观与文化景观

20 世纪 80 年代以来在淮河中游地区，即安徽省舒城九里墩、凤阳大东关与卞庄、蚌埠双墩三地先后发现 5 座春秋时期钟离国墓葬和 1 座钟离国都城遗址（图 1-1）。

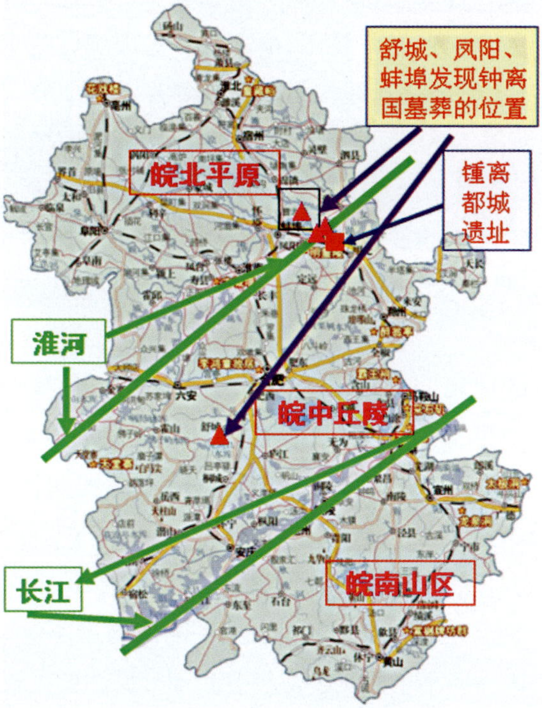

图 1-1　安徽省舒城九里墩、凤阳大东关与卞庄、蚌埠双墩发现的钟离国君王墓葬和都城遗址图。

第一节 钟离国的自然景观

古代钟离国位于现在安徽省东北部的凤阳县境内，隶属安徽省滁州市。凤阳县地处淮河中游南岸，扼江淮之要，淮河由西向东流经凤阳县北部，地理位置为北纬32°37′～33°03′、东经117°19′～117°57′。

凤阳县北濒淮河与五河县相望，东部和南部与明光市、定远县毗连，西部和西北部与淮南、蚌埠市接壤。东西长74.64公里，南北宽49.6公里，面积1949.5平方公里。

舒城位于安徽省中部、大别山东麓、巢湖之滨、江淮之间，东邻庐江县，南界桐城市、潜山县，西接岳西县、霍山县，北毗六安市、肥西县，距省会合肥市48公里。全县地理概貌西高东低，自然格局呈现为“五山一水二分田，二分道路和庄园”，是一个山、丘、圩兼备，集山区、水网区为一体的县份。西南为大别山余脉，山高岭大，林木葱茏，最高点万佛山峰海拔1539米。山地面积约占全县52%。中部是丘陵岗区，面积约占全县20%。东部属冲积平原，最低点舒三海拔7米，畈区面积约占全县28%。山场面积153万亩，宜林面积127万亩，森林覆盖率43.8%，主要林区分布在西南山区。水面27万亩，可养殖水面14万亩。县内主要河流有9条，其中杭埠河和丰乐河为两大骨干河流。大小水库62座，其中有以世界第一大人工土坝而闻名的龙河口水库(万佛湖)。

一、钟离国的地貌

凤阳地形南高北低。南部为山区，以侵蚀、剥蚀的山地、丘陵为主，多为山麓和起伏的岗地。中部为倾降平缓的岗丘、微波状起伏的河流阶地和岗地。北部为沿淮冲积平原。

（一）平原

沿淮冲积平原。由淮河泛滥而形成，在淮河南岸枣巷、黄湾、临淮等乡镇境内，其厚度10～15米，地面海拔15～17米，局部低处仅11米。近河处以砂壤土为主，远河处以亚黏土为主。

河流低阶地。经流水切割形成，由晚更新统棕黄色亚黏土组成，主要分布在大溪河、小溪河、板桥、京山、李二庄、城北、城东、程曦、亮岗、大庙、宫集、考城等乡镇境内，地面海拔 20 ~ 25 米。

河谷平原。位于河流低阶地之间，一般宽 2 公里，支流交汇处最宽可达 5 公里，以亚砂土、亚黏土为主。沿濠河和小溪河分布，呈狭长状由南向北延伸，与沿淮冲积平原接壤，海拔 20 ~ 40 米。

（二）岗地（台地）

倾斜的侵蚀剥蚀低岗地。由泥灰岩、千枚岩和流纹岩等组成，表层覆盖极薄的坡残积物或黄土，有的呈基岩裸露状态。分布于凤阳山脉北部边缘的老青山至灵山一带的麓部，由南向北倾斜，海拔 40 米。

起伏的侵蚀剥蚀低岗地。经流水长期切割，呈波状起伏状态，内部发育宽 200 米左右的冲谷。相对高度 10 ~ 20 米，倾斜方向比较凌乱，主要向河谷或湖塘倾斜。呈片状分布于府城西侧城西乡、大溪河乡和总铺乡鹿塘的东西两侧等地，海拔 40 ~ 50 米。

堆积黄土（下蜀黄土）缓岗地。经流水切割，略起伏，呈岗冲相间状态，相对高度 10 ~ 15 米，岗顶宽缓，上部覆盖较厚的下蜀黄土，为介于剥蚀岗地与平原之间的过渡类型。主要分布在燃灯与黄泥铺两乡境内以及武店乡大磨山的西麓，海拔 40 ~ 60 米。

堆积黄土（下蜀黄土）平岗地。仅分布于凤阳山水库的东南部与定远的交界处，已临近江淮分水岭顶部，海拔 60 米，相对高度 20 ~ 30 米。但顶部平坦坡度 $< 5°$，岗坡较大的可达 15°，易发生旱灾。

（三）丘陵

侵蚀剥蚀浅丘陵。零星分布于府城西北部和凤阳山水库的东北和西北侧等地，海拔 100 米左右，比高小于 90 米，大都呈浑圆状，走向不定，坡度 15°左右，丘坡覆盖薄层残积物或黄土，由石灰岩、泥灰岩、千枚岩等组成。凤阳县境内主要有刘府乡的连山、走马岭，殷涧乡的陈家山，宋集乡的单山及凤阳与蚌埠交界处的曹营山。

侵蚀剥蚀高丘陵。成片分布于府城的城西和城北临近地区，以及南部凤阳山脉东段和凤阳县与蚌埠、淮南两市接壤地区，海拔 150 ~ 200 米为主，比高大于 100 米。它由地块抬升，再长期遭流水切割而成，大部由震旦系砂岩、石英砂岩、白云质灰岩，寒武系灰岩、砂岩、白云岩和更古老的混合花岗岩、片麻岩等组成。高丘陵走向脉络清晰,丘体完善,丘间发育较宽谷地,丘坡多为20°,上面覆盖30厘米的坡残积层。凤阳县境内主要高丘陵有武店的棺材山、大磨山,曹店乡的大东山、五道山、黄瓜尖顶,宋集乡的草山、红石岭,周圩乡的高家大山,凤阳山乡的王家大山脊,凤阳与蚌埠、淮南、嘉山、定远交界处的张家大山、芦山、石门山、大木山、三山及韭山。

二、钟离国的气候

钟离国所在地处于中国东部湿润季风区内。淮河以南属北亚热带,淮河以北属暖温带,淮河是这两种气候渐变的分界线和过渡带。气候具有明显的过渡性特征,其表现为终年气候温和,四季分明,光照充足,水热同季,干冷同期,无霜期长,但雨量季节分配不均且略显不足。

(一) 气温

钟离国所在地年平均气温14.9~16.0℃,温度最高为7月份,平均27.9℃;温度最低为1月份,平均为0.9℃。春秋季节气温变化剧烈,冬季则变化较小。全年4月份是气温上升最快的月份,平均为6.3℃;11月份是气温下降最快的月份,平均6.8℃。

(二) 降水

钟离国地处我国南北气候过渡地带,夏季风环流影响较大,夏热多雨,冬寒少雨,年降水量904.4毫米。4月中旬至5月上旬为春季降水,多以连阴雨天气出现,并伴有低温天气;6月下旬到7月中旬为梅雨天气,多暴雨、大暴雨、特大暴雨出现。

(三) 日照

钟离国所在地年平均日照时数2248.7小时,占全年可照时数的51%。凤阳县年太阳辐射总量为120.0千卡/平方厘米。冬至日北京时间7时日出,17时15分日没,昼长10小时15分,为全年白昼最短的一天;夏至日北京时间5时09分日出,19时14分日没,昼长14小时05分,为全年白昼最长的一天。

(四) 霜期

钟离国所在地年平均霜期69.6天,初日10月31日,终日4月1日,初终时间152.8天。霜期最长86天,最短57天。凤阳县多年平均无霜日212

天，最长249天（1977年），最短179天（1962年）。

（五）雪

钟离国所在地年平均降雪日数9.3天，初日12月9日，终日3月10日，初终时间91.6天。最多降雪日数20天（1956—1957年），最少3天（1960—1961年）。

（六）四季

根据全国统一的四季划分标准，均温在10℃以下为冬季，10～22℃为春秋季，大于22℃为夏季，详见表1-1。

表1-1　钟离国所在地四季划分一览

四季	春季	夏季	秋季	冬季
气温	10～22℃	>22℃	10～20℃	<10℃
起讫日期	26/3—25/5	26/5—15/9	16/9—15/11	16/11—25/3
天数	61	113	61	130

三、钟离国的山水

钟离国所在地南部为山区，以侵蚀、剥蚀的山地、丘陵为主，多为山麓和起伏的岗地。中部为倾降平缓的岗丘、微波状起伏的河流阶地和岗地。北部为沿淮冲积平原。

（一）浅山

侵蚀剥蚀小起伏浅山。主要分布于黄泥铺、凤阳山、殷涧、宋集、曹店等乡境内，多呈近东西向或近南北向展布，海拔250～340米，比高200米以上。均受中等强度断块抬升，山地与平原分界线常与断裂构造吻合，山地经水流较强切割，山体比较破碎，且为平行河谷贯穿，形成岭、谷平行排列结构，山坡较陡，常达25°以上。浅山起伏的频度较大，但相对高差均仅200～300米，故属小起伏范畴。浅山大都由石英砂岩、粉砂岩、页岩、砂砾岩、千片岩和片岩等组成。浅山上部坡残积覆盖均较薄，最厚不超过30厘米，雨水集中时，常形成很剧烈的水土流失现象。凤阳县境内主要有曹店乡的老方山、大伍山，邬岗、周圩乡的灵山、双尖山，凤阳山乡的白云山，周圩乡的双山头、陡岭山，还有大尖山、老青山、狼窝山、露五寨、围子山等。

喀斯特—侵蚀浅山。喀斯特地貌地下以继承性发育的古溶洞、现代溶洞为主，地表仅发育溶沟、溶槽、石芽和落水洞等。山地海拔250~300米不等，比高200米以上。山峰呈方山形，顶平坡陡，沟谷切割较深，为150米左右，谷地陡直。它由寒武系、奥陶系石灰岩、白云岩、砂岩等组成。喀斯特—侵蚀浅山无论覆盖厚度、地面水利条件和坡度、植被等因素，都较其他类浅山差。主要分布在凤阳县境内曹店乡的龙王山、花子山，周圩乡的老面山，宋集乡与定远县交界处的冻饺子山、西饺子山、半个山。

（二）河流

淮河穿越钟离国所在区域，属其中下游河段，上接蚌埠市陆台子入境，呈西北至东南向，至临淮关改西南至东北向，下经花园湖口枣巷渔业乡出境，流经凤阳县境北部52.5公里。境内主要河流还有濠河、小溪河、板桥河、天河、窑河等，均发源于南部山区，依地势自南向北流入淮河。河网密度0.19公里/平方公里，径流量为年平均3.21亿立方米。

（三）湖泊

钟离国所在地最大湖泊是花园湖，湖区跨越凤阳、五河、嘉山三县，湖面主属凤阳县。积水面积872平方公里，为全国四大淡水湖泊渔业开发研究基地之一。境内还有月明湖、方丘湖和凤阳山水库、燃灯水库、鹿塘水库及官沟水库等。

四、钟离国的资源

钟离国所在的凤阳—蚌埠—舒城一线是全国商品粮基地，农作物生长期为220~240天，盛产水稻、小麦，也大面积种植玉米、山芋、豆类等农作物。经济作物有大豆、花生、芝麻、油菜和烤烟。烟草种植已有70多年的历史，是全国著名的三大产区之一。

（一）经济作物资源

钟离国所在的凤阳—蚌埠—舒城一线的野生动物、植物及常用中药材197种，遍布山岭和平原。水产品有鱼类59种，以及青虾、河蟹、甲鱼、河蚌、藕、芡实、茭白、蒲、芦苇等，花园湖螃蟹最为出名。区域内素有栽培果木的传统，主要品种有梨、苹果、桃、李、柿、枣、杏、葡萄、石榴等。

（二）土地资源

凤阳—蚌埠—舒城一线的地形北低南高。据1984年土壤普查资料：土地总面积292.43万亩，其中耕地157.5万亩，宜林丘陵岗地58.4万亩（林地27.4万亩、草地18.3万亩），水域24.03万亩，城乡居民点及工矿用地19.9万亩，未利用待进一步开发土地12.8万亩。

（三）水资源

凤阳—蚌埠—舒城一线的年均降水量在840~920毫米之间，年内分布：3—5月占21%，6—8月占52%，9—11月占17%，12月和1月、2月占10%。境内有淮河、濠河、小溪河、板桥河、窑河、天河等8条河流，总长325.3公里，流域总面积1749平方公里，年均过境水量264.78亿立方米，其中淮河262亿立方米。境内有鹿塘、官沟、凤阳山、燃灯四座中型水库和花园湖、月明湖、方丘湖、老塘湖四个湖泊，总库容2.65亿立方米；134座小型水库和塘坝总库容6491立方米；建有固定机电排灌站155处，装机及容量129台套、2.75万千瓦，基本形成了引、蓄、提、防、排相结合的水利格局。

（四）矿藏资源

该区域矿产资源丰富，品位高，储量大，有铁、锰、铝、钛、钼、白云石、玄武岩、石英石、蛭石、大理石、石棉等矿床，其中石英石储量达数十亿吨，是国内重要的石英石矿产地之一。

（五）交通运输资源

凤阳—蚌埠—舒城一线的公路网建设已初具规模，直达全国各地；水路交通也很发达，北有淮河黄金水道和临淮港，还有濠河、板桥河和池河等；津浦铁路、淮南铁路贯穿境内，交通运输非常便捷。

第二节 钟离国的文化景观

一、钟离国的语言

凤阳—蚌埠—舒城一线地处江淮地区北边缘，方言介于中原官话区和江淮官话区之间，很接近普通话。但是，三地的方言在语音方面与普通话还存在着一些明显差异，这种差异主要表现在韵母、声母、声调三个方面。

首先，在韵母方面凤阳—蚌埠—舒城一线的方言往往丢失韵头U，把一些合口呼韵母读成开口呼，如把“对(cui)”读成 de，把“脆(cui)”读成 cei，把“醉(zui)读成 zei，把“锅“(guo)读成(go)，把“霍”(huo)读成 ho。对于有些音节，则增添韵头，把开口呼读作合口呼，如把“乐”(le)读作(luo)，把“可”(ke)读作(kuo)，把“泪”(lei)读作(lui)等。

凤阳—蚌埠—舒城一线的方言与普通话存在的又一差异，是对前鼻音尾韵母和后鼻音尾韵母分辨不清。这种混同现象，一是表现为 in 和 ing、en 和 eng 不分；二是表现为把应读成前鼻音韵母的 un 错读成在普通话语音系统中根本不存在的后鼻音韵母的 ung 或如 go。此外，该区域的方言还易把单韵母 u 和 ü、uo 相混淆，等等。

其次，在声母方面主要有两点：一是把该卷舌的 zh、ch、sh 误读为不卷舌的 z、c、s；二是 n、l 相混，等等。

再次，在声调方面普通话将“中原”两个字音都读成阴平(55)的合成词音节；而凤阳—蚌埠—舒城一线的方言却把前一个单节读得像阳平(34)，而把后一个音节读得像去声(31)。

尽管凤阳—蚌埠—舒城一线同属江淮官话区，但三地方言的某些声调与普通话却各不相同，这突出表现在有相当一部分普通话该读为 55 调的音节，凤阳话多读为 51 调，而蚌埠话多读为 212 调，舒城话则读为 312 调。

图 1-2　双墩两座墓圆形土坑

二、钟离国的葬俗

凤阳—蚌埠—舒城一线有着奇特的丧葬习俗，这一风俗是该区域最具代表性的文化特征。首先是墓葬的形制。依据卞庄和双墩两座墓圆形土坑看(图 1-2)，这种造型的墓葬在中国墓葬史上是绝无仅有的，与先秦时期周边地区，尤其是中原与楚系墓葬型制截然不同①。

双墩墓规模较大，圆墓坑东侧

① 朱华东《钟离国历史与文化的考古学观察》，《安徽史学》，2011 年第 5 期，第 117－122 页。

设置的短墓道，据推测是下葬时棺椁及随葬品的运输通道。为防潮、防盗，中原一带出现了积石、积沙墓，南方的楚墓则多在墓坑四周填塞木炭和白膏泥，以起到吸潮和隔绝空气的作用。吴越地区的一些大墓也有类似用法。与之相比，钟离国墓葬中相似的设施较为罕见。同时，双墩和卞庄墓墓底有十字形隔梁，专为墓坑及随葬坑设置，这种设计就算在江淮地区常见的竖穴土坑墓中也属罕见，因而颇具特色。

殉葬风俗根深蒂固。从现存较好的卞庄和双墩墓可以看出，均殉10人（图1-3），位置规整，即以墓主为中心，较为均等地分布于四个方位，殉人皆有葬具，且包括少量随葬品。双墩墓殉人年龄多在20至30岁之间，由于人骨保存较差，性别无法鉴定，但根据随葬器物来看，殉人身份以墓主的女性奴仆可能性为大。除殉葬真人以外，墓坑四围还放置一圈泥偶，这应该是殉人的象征。在殉人制已逐渐衰微的春秋时期，如此多的殉人量在当时各地诸侯国墓葬中较少见，这势必与钟离国文化的来源有关。就钟离国墓葬所属的春秋时期来看，该期存在较多殉人的墓葬主要集中在东方的齐鲁地区及西部的秦国。大型齐墓在椁室周围设置棺椁齐全的陪葬坑，甚至陪葬墓还有自己的殉人。数量较多的殉人墓有山东沂水刘家店子墓，被殉者达30人，莒县大店墓殉10人，临沂凤凰岭东周墓殉14人，江苏邳州九女墩3号墩墓中被殉者更高达40人之多。相比而言，春秋时期多数国家殉人极少，如同期的寿县蔡侯墓，仅铜器就出土482件，墓葬规模也远胜过钟离国，但被殉者仅有1人。可见，春秋时期的国君一级墓葬殉人数量与等级、国力并无直接关联，而与不同地区的文化传统关系紧密。

图1-3　双墩墓殉人墓坑

用土颜色意味深远。蚌埠双墩一号墓由于保存较为完好，发掘中使得墓坑以上的遗迹得以全面揭露，其中最明显的莫过于封土中由五色土构成的放射线（图1-4），类似于太阳光芒。从该墓圆形封土堆和墓坑看，其构图相当明

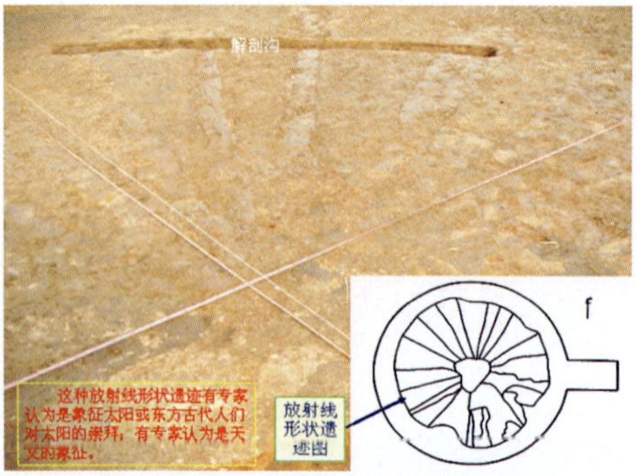

图 1-4　由五色土构成的放射线

显，极有可能与崇日有关，以象征天穹中一轮放射光芒的红日。封土底部发现一圈白土带，形似“玉璧”（图1-5），其内圈为墓穴所在，这种设计也应有一定的含义。玉璧在周代属于十分重要的礼器，《周礼·春官·大宗伯》曰：“以玉作六器，以礼天地四方。以苍璧礼天，以黄琮礼地……”钟离国国君墓内出现这样的景象，可能就与“礼天”相关。墓室内墓坑布局规整，呈正东西、南北分布，也象征着地之四极。由此可见，封土堆中上为“日”，下为用于祭日的“玉璧”，以及墓室内的方位布局，三者交相呼应，用意十分精妙。

图 1-5　形似“玉璧”的一圈白土带

双墩墓葬选址似乎也可说明一定的问题。该墓葬位于淮河以北，与其他王室成员葬于淮河南岸的国都附近相反，着实与先秦时期一般的家族墓地葬俗相异。但联系到中国阴阳学说相关说法，山之南、水之北为阳，其用意也就可以理解了。此外，泥土的色泽为何由五种颜色混合而成，而不是其他数量，这也值得考虑，或许包含着“五行”之说的文化含义。

综上所述，阴阳五行学说在春秋时期的钟离国已渐入人心，至少为上层贵族所热衷。其墓葬选址、封土形状、玉璧土带以及五色土等设计深受其影响，并由此形成了春秋时期钟离国独特的埋葬方式。

三、钟离国的信仰

在中国古代，由于洪水泛滥，海水倒灌，海岸线要远远比现在更靠内陆，而双墩所处的地区实际上是靠近沿海的沼泽地带。东部沿海一直是古老的族群“夷”的生活区域。郭沫若在《中国史稿地图集》中，将夏商西周时期的淮河、洪泽湖等地标为“淮夷”。谭其骧《中国历史地图集》“夏时期全图”将淮河流域标注为“九夷”,“商时期全图”标为“淮夷”。西周时期“淮夷”之称比“九夷”更为常见。周代史籍把淮河中下游一带的夷族统称“徐夷”或“淮夷”,而据史料记载,“淮夷”系东夷九族之一族,东夷联盟的首领为太皞。

蚌埠双墩位于淮河流域的中下游,距当时的钟离国只有20公里,正是属于“淮夷”地区。“淮夷”地区的部落是否真的以“蛇”为图腾并繁衍生息,可以从太皞的姓氏来进行考证。太皞也叫伏羲氏,晋皇甫谧《帝王世纪》云:“伏羲氏,风姓也。”《竹书纪年·前编》云:太昊伏羲氏,“以木德王,为风姓”。关于“风”字,在《说文》中有“风动虫生”的解说。《山海经·海外南经》中有“虫为蛇”之说。由此可见,风与蛇之间的关系非常密切,伏羲的“人首蛇身”形象就是从风姓部落的“蛇”图腾演化而来。据记载,在伏羲部落中有飞龙氏、潜龙氏、居龙氏、降龙氏、土龙氏、水龙氏、赤龙氏、青龙氏、白龙氏、黑龙氏、黄龙氏等11个氏族,可能是分别把不同的蛇作为图腾的氏族。另外,东夷部族中有一个重要部落即蚩尤氏,“蚩”字在《说文》中专指蛇,而“蚩”与“螭”同音,都是蛇虫之类,所以从其名称字意上看,与蛇联系紧密,而“尤”字从“虫”即为“蚘”,与蚩是同义复词,所以“蚩尤”应是蛇部族。《左传·昭公十七年》中记载:“昔者黄帝氏以云纪,故为云师而云名;炎帝氏以火纪,故为火师而火名;共工氏以水纪,故为水师而水名;太皞氏以龙纪,故为龙师而龙名。”《左传》明确指出东夷联盟的首领太皞是以龙为名,龙以蛇身为主体和原型,是对蛇加以神化的结果。双墩墓出土器物上异常丰富的蛇纹饰实证了钟离国保留对蛇的特别关注的文化传统(图1-6)①。

图1-6 舒城九里墩钟离公鱼墓出土的蛇身青铜鼓座

蛇为何成为淮河中游地区文化的图腾及崇拜的对象,我们可以

① 马彦《从蚌埠双墩墓器物纹饰探古淮夷地区蛇图腾形成因素》,《宜春学院学报》,2011年第5期,第112-114页。

从本地宗教习俗、原始文化遗留、地理自然环境造成的禁忌崇拜等方面做细致的探索。

众所周知，在原始崇拜中，生殖崇拜占据重要的地位，因为原始社会的生产力低下，种族的延续依赖人口的不断增生来实现。所以鱼纹、蛙纹作为生殖崇拜的象征，在原始人的生活中成为一种信仰。人祖崇拜的人蛇合一，正是这一信仰充满想象力的发明。据《路史·后纪》注引《宝椟记》："帝女游于华胥之渊，感蛇而孕，十三年生庖牺。"所谓感蛇而孕，意味着男根发展出象征男性的意义。《列子》中记载："庖牺氏、女蜗氏、神龙氏、夏后氏，蛇身人面……"王延寿《鲁灵光殿赋》亦云"伏羲鳞身，女娲蛇躯"。这种蛇身形象代表了人类通过交合而不断繁衍的意义。

双墩出土器物所反映出的生殖崇拜，是基于对钟离国独特生活环境的考察。从环境考古所揭示的事实看，早期的蛇神传说明显地反映出原始先民对洪水的恐惧。据《山海经》记载：蛇的出现同水旱的关系是人们日常生活的一种观测。所以对水神的祭祀作为自然崇拜的一部分，其原始意义的实质是对自然力的崇拜，也是对自然崇拜意识的延续。另外，淮夷族群在特定的自然环境下生存，蛇是当地最常见的动物。据《神异经·西北荒经》记载："西北荒有人焉，人面、朱发、蛇身、人手足，而食五谷禽兽。贪恶愚顽，名曰共公。"又有《山海经·大荒北经》载："相柳者，九首蛇身，自环食于九土。其所欤所尼，即为源泽，不辛乃苦，百兽莫能处之。"①可见，对神秘力量的祭祀崇拜，是为了使之转化成为自己的能量。于是，人们对蛇的祭祀开始产生蛇的崇拜，这种信仰不断得到强化和丰满，一直到最后浓缩成伏羲、女娲神话形象。正如弗洛伊德所说："崇拜是由禁忌转化来的。"②

四、钟离国的经济

钟离国的经济与当时的生产力有着密切的联系。从出土器物反映的经济特征看，主要集中在农业、畜牧业、手工业、商业、铸造业和运输业等几个方面。

① 赵生军《中国古代蛇图腾崇拜刍议》，《思茅师范高等专科学校学报》，2007 年第 4 期，第 61 页。

② 弗洛伊德《图腾与禁忌》第 119 页，赵立玮译，中央编译出版社，2005 年。

（一）农业

钟离国的农业和畜牧业是其经济的支柱产业。"五谷"的种植是基于当时的钟离国人懂得了施用粪肥、草木灰和绿肥等。畜牧业在当时也占据着重要的地位，从蚌埠双墩墓出土的铜书、衔镳（图 1-7）足以证明有些牲畜除食用外，还用于拉车和祭祀。

图 1-7　蚌埠双墩墓出土的铜书、衔镳

春秋战国时农具和牛耕的普及是一次农用动力的革命。春秋时孙叔敖修芍陂，促进了水利灌溉事业的发展，钟离国也开始使用桔槔来灌溉，这不仅促使当地农业生产方式的转变，同时也提高了粮食等农作物的产量，扩大了耕地的面积，促进了水稻种植的普及和耕作、管理技术的进步。从蚌埠双墩出土的长弧背、直刃、刃锯齿形镰（图 1-8）可以看出，钟离国人在普遍重视及时收割的同时，也掌握了优选种子的方法，人们还学会了水稻的育秧移植技术。

图 1-8　蚌埠双墩出土的镰

（二）手工业

钟离国代表性的手工业生产是青铜铸造。大量的青铜器出土，不仅表明钟离国已经掌握了较高的冶炼技术，还掌握了青铜器物的制作工艺。夏、商、周三代被称作我国的"青铜时代"，舒城九里墩、凤阳大东关与卞庄、蚌埠双墩三地的5座春秋时期钟离国墓葬中发现的青铜制品就是最好的见证。玉器是中华民族自古就崇尚的器物，玉器加工业的产生最早带有很强的意识形态性，正是这种意识形态性促进了玉器雕刻工艺日趋精美和玉器数量的增多，也充分反映了钟离国人对玉的崇尚（图1-9）。钟离国纺织业的兴起，不仅促进了平织物、斜纹提花织物和刺绣的发展与推广，还促进了经济作物麻的种植。彩陶业和漆工艺的发展不仅生产了大量质地轻巧、造型美观、色泽光洁、纹饰精美的彩陶和漆器，而且为当时人们日常生活提供了大量的储存器和生活用品。

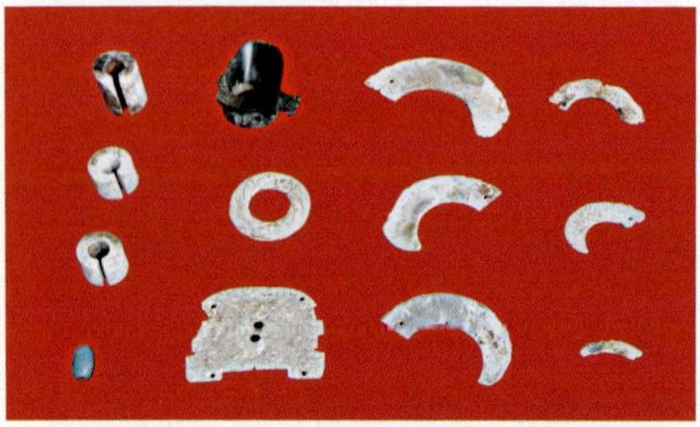

图1-9　蚌埠双墩出土的玉玦

（三）商业

钟离国的交通运输有一定规模，陆路运输不是它的主要行业，但水路运输却十分发达，这就为钟离国较大规模地从事商业贸易提供了便利。有关钟离国的交通很少有文献的直接记载，但也有部分考古发掘和研究以及相关文献记载可作为旁证。“钟离国地处淮河中游，地理位置十分重要，曾先后为吴、楚的附庸，一直是吴楚争霸江淮的重点争夺对象。”①阚绪杭等学者的上述观点也可以得到《左传》记载的证实：公元前576年，鲁成公“会吴于钟离，始通吴也”。公元前538年冬，“楚箴尹宜咎城钟离以备吴”。正是有了便捷的交通，才会出现吴、楚的长期控制，这也为钟离国人的贸易提供了便捷的运输条件。据钟离国国都遗址的发掘看，“城有城门，整齐宽阔的街道，有一定规模”。城市的发展也为形成繁华的商业中心创造了条件。

① 阚绪杭、周群、钱仁发等《春秋钟离国墓的发掘收获》，《东南文化》，2009年第1期，第40－47页。

第二章

钟离国的历史脉络与研究叙事

第一节 钟离国的历史脉络

一、钟离氏的源出

据《史记·秦本纪》记载：钟离与徐、秦等同出嬴姓，而《元丰九域志》《太平寰宇记》及《路史·国名记》则认为钟离国为“徐之别封”，两者是有区别的。别出则为徐之小宗，同出则为同宗于嬴姓少昊氏。嬴姓一般被认为是少昊之后，少昊之墟在山东曲阜一带，所以自源头上讲钟离氏出于山东是可能的。而“徐之别封”之说则有可能指钟离曾是徐之附属。因为，徐在周代为淮河流域大国，春秋僖公三年有徐人取舒。舒及所属各支系在钟离西南，而徐在钟离之东与东北，徐取舒，则钟离只怕不能免于徐之势力的控制。但从文化上看，徐与钟离的差异巨大。这在蚌埠双墩春秋钟离国国君一号墓、凤阳卞庄春秋墓和被认为是徐国王室墓的邳州九女墩墓的形制比较上，可反映出来。双墩春秋墓为大型圆形土坑墓，封土底部与墓坑外有玉璧形的白土垫层，封土和墓坑填土均为五色混合土，墓底呈现出十字形的埋葬布局；尤为重要的是，在墓坑填土中发现了放射线、土丘和土偶、土偶墙等极其特殊的遗迹，这些都是从未见过的新的考古现象。卞庄一号墓虽遭破坏，但其为圆形土坑竖穴墓还是清楚的，邳州九女墩墓则没有这种情况。再者，双墩墓 M1:47 青铜戈的胡部刻铭有童丽公柏获徐人，内末部还发现该件戈原铸铭徐子白司此之元戈，在 M1:382 青铜戟的戈胡部有原铸铭徐王容取吉金自作其元用戈，说明钟离国与徐曾经有过战争，钟离君柏获得徐王用的兵器。而径称徐为徐人，不像是对于宗主的态度。

学术界还有一种观点认为钟离氏为子姓宋出。《新唐书宰相世系表四》

云："宗氏出自子姓。宋襄公母弟敖仕晋，孙伯宗为三卿所杀，子州犁奔楚，食采于钟离。"又《新唐书宰相世系表五》称："钟氏出自子姓。与宗氏皆伯宗之后也。伯宗子州犁仕楚，食采于钟离，因以为姓。"后郑樵注亦云："钟氏，晋伯宗之后。伯宗，晋之贤者也，为郄氏所谮，被杀。子伯州犁奔楚，邑于钟离，今濠州也。子孙以邑为氏，或言钟，或言钟离。"郑又说："钟离氏，姬姓，即钟氏。以伯州犁居钟离，故曰钟离氏。亦省言钟氏。州犁与晋同祖，而世本云与秦同祖，嬴姓，何也？"以上所说可能都本于《元和姓纂》，其卷一有文云："钟，宋微子之后。桓公曾孙伯宗仕晋，生州仕楚，食采钟离，因氏焉，子孙或姓钟氏。"

比较而言，司马迁说钟离出于嬴姓乃据《世本》，《世本》编定于先秦，有早期牒谱历记以为参照，应该更可取。汉王符《潜夫论·志氏族》也明说钟离出于嬴姓，可见晋以前钟离国与秦等同出于嬴姓是有定论的。至于钟离国族何时自山东或他处迁于蚌埠凤阳一带，有待于进一步的考古发掘来证明①。

二、钟离国的发展

根据考古发现，早在四五千年之前，凤阳钟离城附近就有人类生存，并在城的南面留下一处新石器时代遗址。后来，山东曲阜附近的嬴姓钟离（一作终黎）氏族，南迁于此定居，逐步演进成为一个国家，春秋时（一说周朝）以姓为国封为钟离子国。钟离国名的由来，《凤阳新书》认为"以东有钟乳（山）、西有离山，故名"，亦系臆断，此两山应为钟离人徙此而得名。

钟离城邑始建于何时？《左传》云：昭公四年（公元前538年）冬，"楚箴尹宜咎城钟离以备吴"，此即凤阳钟离城有据可考之始。但是，早在周简王元年（公元前585年），"鲁成公、吴寿梦，会于钟离"，可见在此之前即有钟离国都城。在当时周室衰微，诸侯争霸的政治环境中，各国筑城自卫是普遍现象，钟离子国当然不会例外。笔者认为，钟离国都城可能始建于春秋早期，楚城钟离只能是修筑加固，用以备吴。《左传》杜预注钟离为楚邑，当本于此。

钟离在属楚之前，已为吴之附属。从鲁成公六年（公元前585年）起，钟

① 陈立柱、阚绪杭《钟离国史稽考》，《武汉科技大学学报》，2011年第6期。

离成为吴邑时间长达47年。到了鲁昭公四年(公元前538年)六月,楚子率诸侯之师会于申,执徐子;秋七月又率诸侯伐吴,八月打到朱方(今江苏镇江),执齐国叛臣庆封(襄公二十八年冬,齐庆封奔吴,吴予之朱方)而杀之。钟离当在这次战役中为楚所克。

由于钟离国具有重要战略地位,所以此后的20年里,吴楚等大国对其进行了激烈的争夺,先为吴占领,又为楚夺回,复为吴所灭。据《左传》记载,昭公二十三年(公元前519年)七月,“吴人伐州来,楚薳越帅师及诸侯之师奔命救州来”。吴人在钟离抵御楚师的反击。楚军令尹子暇去世,士气涣散。吴军先攻西北的胡国、沈国和陈国。此时,可能楚军夺取了钟离。次年(公元前518年),“楚子为舟师以略吴疆……(楚)王及圉阳(今安徽巢县南)而还。吴人踵楚,而边人不备,遂灭巢及钟离而还”①。从此,钟离长期为吴邑,直到鲁哀公二十二年(公元前473年),越灭吴,钟离又属于越。

越人灭吴后,江北吴地尽属越。周定王二十四年(公元前445年),楚灭杞。是时越已不能控制江北及淮北,楚东侵,广地至泗上,越以淮上地与楚。自此,钟离再次入楚,并一直持续到战国末年。

秦灭六国后,郡县天下,于钟离城置钟离县治。西汉因之,东汉为钟离侯图。三国时废,西晋太康二年(公元281年),复立钟离县;东晋安帝于县置钟离郡,义改县曰燕县。刘宋兼置徐州,萧齐因之。梁朝武帝曾命修钟离城。东魏为楚州治,北齐复钟离县。隋初为濠州治,此后仍为钟离郡治。唐高祖武德初,改郡为州,复濠州,钟离县治移至钟离城西濠州城。此后,钟离城虽不再为州、郡、县治,但钟离县名一直沿用到元代。元末,文宗天历元年(公元328年),明太祖朱元璋即出生于钟离之东乡②。

三、钟离国的悲壮

(一)分封制度与钟离国消亡

西周分封制度的核心为,周天子就封诸侯以前,必诏赐册命,详述所赐土地、都邑、庶人、臣仆、车马、戎兵的数目。封赐土地颁诏书时,天子必亲临

① 杨伯峻《春秋左传注》(修订本)第1452－1453页,中华书局,1990年。
② 安徽省文物考古研究所《凤阳大东关与卞庄》第224页,科学出版社,2010年。

训话。训话中除敬共祭祀，善治其国，善理其民外，最重要的是辅翼王室。这是封建屏藩用意之所在①。

正是政治上的大分封才促进了宗法伦理社会结构的快速形成及分化。宗族分化又加速了政治上的分化与独立，形成了宗法伦理与政治权力相互拱卫的社会形态。春秋中晚期至战国时期，虽然周礼规定“冕、弁、兵革藏于私隶，非礼也”（《礼记·礼运》），君子要谨遵“制国不过千乘，都城不过百雉，家富不过百乘”（《礼记·坊记》）之制，但是诸侯拥兵以维护分封制下的子民，是周朝天子应予的诸侯分治制度。至此各诸侯之战争相并，武力相争，形成一种有国无治的混乱秩序，地方诸侯包括姬姓诸侯，拥兵自重，挟天子之命而扩充所治下的疆土。楚、秦疆土之扩张即是一例。西周分封制度最终并没有实现以藩屏周的全国疆土分封和权力一统的理想。

（二）权力纷争与钟离国消亡

周朝诸侯兼并，非一日而止。在诸侯兼并过程中，淮河中下游地区的钟离和钟吾及徐陷入诸侯权力之争的漩涡。

公元前512年，吴王阖闾亲率伍子胥、伯嚭“防山以水之”消灭了徐国，徐国最后一代国君章羽投奔了楚国，徐国就此灭亡。《左传》鲁昭公三十年（公元前512），“（吴）伐徐，防山以水之”。灭徐，即此。钟离北临徐国，东接吴越，西联楚国，在地理位置上成为楚、吴、徐的必争之地。钟离国即在吴楚交战中走向消亡②。钟离国灭亡的原因，应该在于中央权力的血缘宗族的礼制，歧视性地保持了地区发展的不平衡，而且失却了对各诸侯权力加以限制的威信。在远近有别的等级制的诸侯序列中，位于“蛮夷”之地的诸侯除了维护自己的疆土利益外，只得依附于大的诸侯，成为大的诸侯的附庸国，而远离中央。弱小诸侯急欲摆脱《周官》所制“禁异说”的思想一统与血缘宗法的中央权力一统，其首要表现就是文化变异。在强势诸侯国之间争霸称雄的社会激荡中，诸如钟离国类的弱小诸侯既是强势诸侯国之间争霸的牺牲品，也充实了强势诸侯反抗中央权力的集成力量。

---

① 瞿同祖《中国封建社会》第45页，上海人民出版社，2005年。

② 《续修四库全书》第148册第512页，上海古籍出版社，2005年。

四、钟离国的遗存

春秋时期的钟离国在今天凤阳县境内，古城遗址位于临淮镇东 1.5 公里处，与凤阳县城(府城镇)东北直线距离约 12 公里，至今东形土筑城垣保存较完整。这座古城又被称为“东古城”，是因为唐代濠州城东被称为“东古城”而得名。另外讹传三国东吴鲁肃在此筑城，因而又称“东鲁城”。再者就是相传楚霸王项羽自垓下败走乌江经过此地，为防御追兵率将士筑城，故又称为“霸王城”。

钟离地处淮河中游南岸，为历代兵争之地，素有“城堑水深”、“钟离天险”之称。自春秋时期钟离国在此建筑都城之后历代沿用，至汉代钟离城池已经发展扩大到城垣以外，直到唐初，州治、县治才迁移至钟离城西南约 2 公里处新建的濠州城，至此钟离城由政治中心变为一般的城镇直至逐步荒废。其具体位置经卫星定位仪(GPS)测得数据为：南门为北纬 33°54′445″、东经为 117°40′424″，海拔高度为 20.9 米；北门为北纬 33°54′676″、东经为 117°40′412″，海拔高度为 22.4 米；东门为北纬 33°54′531″，东经为 117°40′536″，海拔高度为 19.10 米；西门为北纬 33°54′539″、东经为 117°40′327″，海拔高度为 23 米。该遗址 1981 年 9 月被公布为安徽省重点文物保护单位。

根据考古调查资料，钟离城平面基本上为正方形，东西长 360 米，南北偏长 380 米。城垣均已坍塌呈高垄状，多数城垣残高 3 米左右，四角城垣高达 5 米。城垣基宽 18 米，顶端残宽 6 米。在城垣四边的中心，均匀地分布四道宽 5 米的城门。从断面上可以看到，城垣系用黄土夯成，每层夯土厚约 30 厘米。在城垣外面，四边均有人工开挖的 20 多米宽的护城河，有的河道已淤塞为平地。

城址内除分布有东城村、西城村两个自然村外均为农田，四周城垣也辟为耕地。城内南部地表遗物较多，有板瓦、灰绳纹筒瓦、云纹瓦当等，其中板瓦正面有粗绳交叉纹、平行纹两种纹饰，背面分别有布纹、乳钉纹、方格纹、竹节纹、几何乳钉纹等纹饰。其他遗物有残陶豆、泥质红陶片、红胎黑衣陶片、青釉陶器口残片、陶鬲足、陶鸭嘴形鼎足、陶纺轮、铜镞、蚁鼻钱、大泉五十及五铢钱等。历年来在古城周边基本建设中出土不少文物。征集到的有铜剑、铜镞、蚁鼻钱、铜矛、铜镜及“钟离丞印”等。

据考古调查,古城墙以南至津浦铁路线以北为汉代古城址范围,文化层厚1~2米,发现陶排水管道,采集到大量陶制鼎足、鬲足、豆盘、豆柄、筒瓦、瓦当等,还采集到鹿角、兽骨、蚌壳等。从当地群众手中征集的文物有陶网坠、蚁鼻钱、五铢钱、铜镞等数十件。距离城址东北6.8公里还有一处商周文化遗址。

1986年,在城址东北发现一座战国墓葬,出土有铜剑、戈等。在钟离城西边的濠州古城遗址也出土有大量的隋唐时期文物。2001年3月,在城址东北18公里的淮水南岸出土西周青铜器尊1件、觚1件、角1件、矛1件、戈2件。1975年,在城址东南1.5公里的李二庄征集到春秋青铜匜1件。1983年,在城址东北0.5公里的小卞庄出土有战国青铜鼎、鐎斗等。

在钟离城周边几公里范围内都有墓葬群分布,这些墓群中埋葬着从周代至汉唐时期的贵族和一般阶层的人,这些墓群地点的选择除地理因素外,均与钟离城的发展、兴衰有直接关系①。

第二节 钟离国的研究叙事

一、钟离国的历史研究

《史记·秦本纪》曰:秦之先为嬴姓。其后分封,以国为姓,有徐氏、郯氏、莒氏、终黎氏、运奄氏、菟裘氏、将梁氏、黄氏、江氏、修鱼氏、白冥氏、蜚廉氏、秦氏。《史记集解》引徐广曰:《世本》作钟离。应劭曰:《氏姓注》云有姓终黎者是。《史记·伍子胥列传》"索隐"云:《系(世,引者注)本》谓之"终黎",嬴姓之国。《元和姓纂》卷一称:终利,嬴姓,与秦同祖。又言:钟离。《世本》云:"与秦同祖,嬴姓也。"《元丰九域志》卷五、《太平寰宇记》卷一二八及《路史》卷二五均云钟离为徐之别封。

可见"钟离"别写甚多,有终犁、终利、终黎等。近年考古发掘春秋时期钟离国国君墓葬,其中出土铜器铭文有"童丽君柏"等字样。玺汇0279有楚鉨童京鉩,据刘信芳等先生考证,即"童丽京鉨",亦即"钟离亭鉨"。在安徽

① 见安徽省文物考古研究所、凤阳县文物管理所《凤阳大东关与卞庄》第10-12页,科学出版社,2010年。

凤阳钟离城故址，当地农民曾发现汉代“钟离丞印”封泥。看来，“钟离”可能是秦汉以后写法，先秦时则作“童丽”，写为“童麗”①。

钟离古国地望所在，古代是有争议的。《汉书·地理志》九江郡属县有“钟离”，颜师古注：应劭曰钟离子国。《水经注》卷三十《淮水篇》云：“世本曰：钟离，嬴姓也，应劭曰：县，故钟离子国也，楚灭之以为县。春秋左传所谓吴公子光伐楚，拔钟离者也。”但公子光伐楚所拔之钟离是否凤阳之钟离，学者们的意见并非一致。又，《左传》成公十五年吴与诸侯会于钟离，杜预注以为楚邑。杨伯峻指出吴与诸侯会于楚地，殊为可怪，这是以钟离在今凤阳县说为前提的。杜预是否认为此钟离一定在凤阳呢？古人去远，不能质问。杜后来注吴楚战于钟离附近的鸡父而说在安丰县南，即今六安市西北，则又不同。《史记·伍子胥列传》司马贞“索隐”按语云：“钟离县在六安，古钟离子之国，《系（世，引者注）本》谓之‘终黎’，嬴姓之国。”这里司马贞把钟离县与钟离国似乎合二为一了，地当六安一带。《史记·吴太伯世家》“集解”引服虔说：“钟离，州来西邑也。”州来旧时多以为在今凤台县城。说钟离在州来西，与说钟离在凤阳县地，方向正相反。现代学者也有认为服虔说可取的，如石泉先生曾据此材料，重新分析吴楚鸡父之战（发生于公元前519年）中鸡父所在地及与钟离、州来等地的地理位置关系，认为鸡父之战中的钟离当在今凤台即其所说的州来西北，与鸡水即他所说的鸡父相邻。石先生早期认为钟离之地望亦有二，以后则倾向于认为凤阳钟离是东晋以后才有的。但是，随着春秋钟离国国君墓葬在凤阳钟离城故址附近的发现，今天看来说钟离国在州来以西或安丰以南等已不可取，其在凤阳已大致可定。《晋书·地理志》淮南郡钟离县条下原注有文云“故州来邑”。因此，钟离县曾经属于州来是可能的②。

二、钟离国的文化研究

（一）钟离国国君墓出土之器物的文化解释

从钟离国国君墓出土器物的器形和组合来看，以青铜器、彩绘陶器、玉

① 刘信芳、阚绪杭、周群《安徽凤阳县卞庄一号墓出土镈钟铭文初探》，《考古与文物》，2009年第3期。

② 陈立柱、阚绪杭《钟离国史稽考》，《武汉科技大学学报》，2011年第6期。

器为主。商周青铜器中的礼乐器是当时信仰观念的物化形态。青铜礼乐器作为祭祀所用的仪式物件,具有了沟通天地和人神关系的“法器”功能。青铜乐器上的各种动物纹饰,便是这种信仰观念的外在表现,其与当时信仰观念是相适应和相一致的。

蚌埠双墩墓出土的铜器随葬物明显与中原同期铜器物相似,造型庄重,纹饰细腻,通体饰纹,饰刻铭文,是中原铜器文化的产物①。从出土的礼器和乐器形制来看,钟离国形成的地域文化深受中原文化和楚文化的影响,而与吴文化相关性不大。

据史实推测,楚在拓境至钟离一带后,为了控制其地,于钟离设县治民,同时保留钟离国的君统和族祀于该地或附近地区,作为附庸及缓冲地带以应对吴和中原列国。从蚌埠双墩墓出土的鼎、盘等及卞庄一号墓出土的鼎、缶等部分器物的组合和形制来看,均具有明显的楚文化因素和时代特征,说明钟离已受到楚文化较多的影响。卞庄一号墓位于安徽省凤阳县板桥镇古城行政村卞庄自然村,墓主人为钟离君柏之季子康。2008 年在蚌埠双墩发掘了钟离君柏墓,出土的铜器上有铭文“钟离君柏”,两人之间为父子关系,即“康”是“柏”的小儿子。这 2 座墓位于淮河两岸,东西相距约 35 公里②。

(二) 周礼制度与钟离国古文化

1. 周礼规范的文化功能

周武王在灭商之后采取分封建国制,分封的是姬姓诸侯和功臣。封姬姓宗亲为诸侯,对王室形成拱卫之势。周公确立的以血缘关系为基础而建立起来的宗法制度,维护了周王朝的统一和中央政权对这些诸侯国的有效统治。

宗法制度规定了周天子和各级奴隶主贵族的大族长的地位,他们也就获得了相应的不同等级的官职和权力,于是他们在宗族关系上表现为大宗与小宗之等级的同时,在国家政治地位上表现为王、公、侯、卿、大夫、士的等级阶梯。依赖于宗法伦理结构联结的社会关系实现了全部血缘关系的政治化③。

---

① 方建军《商周乐器文化结构与社会功能研究》第 263 页,上海音乐学院出版社,2006 年。

② 徐少华《童丽公诸器与古钟离国历史和文化》,见中国古文字研究会、中华书局编辑部编《古文字研究》第二十八辑第 329 页,中华书局,2010 年。

③ 庄福林《周礼的形成时间、特点及作用》,《松辽学刊(社会科学版)》,1990 年第 4 期,第 32 页。

封土之别则为远离王畿的诸侯各国有着自己的礼变路数，为诸侯各国的地方性“周礼”预留了生发成长的社会和政治空间。“夷”、“蛮”为中国古代黄河流域统治者们对四方边远之民的称呼。《韩非子·五蠹》篇记载徐夷人数众多，占地广袤。春秋后期，江淮地区出现众多方国，这些方国中，大都系周王室的封地。而另一些带有部族性质的地区性邦国，是在不同历史条件下由淮夷转化而来的政治实体。他们与当时的中央朝廷——周王朝无任何行政隶属关系，这些邦国中，一类是被当时的史官记载为“群舒”、“众舒”的带有联合体性质的邦国，另一类则是带有城邦性质且被当时的史官以江淮地名如徐、六潜、钟离、州来等记载下来的邦国①。

周礼的作用范围除姬姓诸侯所居之中原外，其余诸侯在周礼的效力范围内，并不严守周礼之礼制，特别是春秋中后期，诸侯争霸，周朝天子王权只是空有名誉。而对于远离中原文化者，则为多文化主体影响和争夺的地方性权力文化中心或“夷蛮”文化中心。

2. 钟离国文化的地方性

周礼之全国范围内的强弱等级制规范，使得特别远离中原中心文化的诸多小诸侯或夷蛮诸侯有了发展自己文化的制度性时空条件，钟离国即是一例。从蚌埠双墩墓等铭文材料可见，钟离公柏、季子康与钟离公鱼三国君，为父、子、孙三代嫡亲关系。嫡亲继承制度明显是周礼制度的继承。就祭祀制度而言，周王朝废除了殷商用人为牲的做法以及减少了祭祀用牲的数量，两个王朝祭祀制度存在差别，同时也有继承性。蚌埠双墩钟离国国君墓陪葬的“人牲”数量及其墓葬形制，反映出中原文化正统性的影响和钟离丧葬礼仪的地方文化作用②。

钟离偏居一隅，既受周礼之制权力滋养的中原文化的强权性灌输，也承受楚吴(越)文化的辐射。在钟离国后期，形成的淮河中下游文化呈现楚文化全面覆盖、强力渗透的特征，从丧葬礼仪到礼器乐器，无不体征着楚文化的印记。在正统的中原文化、夷蛮的楚吴文化交错影响作用下，钟离国的淮

① 吴恩培《春秋时期的吴、徐国家关系》，《安徽史学》，2010 年第 5 期，第 122 - 123 页。

② 徐少华《童丽公诸器与古钟离国历史和文化》，中国古文字研究会、中华书局编辑部编《古文字研究》第二十八辑第 330 页，中华书局，2010 年。

河中下游文化地方性特征显现出来①。

三、钟离国的考古研究

近年安徽省考古工作者在安徽省蚌埠市双墩和凤阳县卞庄以及大东关分别发掘了春秋时期钟离国大型土坑圆形墓葬。两墓形制独特,遗迹现象复杂,随葬品丰厚精美,为研究钟离国的地理、历史、文化和春秋时期墓葬形制结构、埋葬习俗以及淮河中游地域文化等提供了重要资料。

(一) 蚌埠双墩一号墓的发掘

安徽省蚌埠市双墩村内有两座较大的墓葬封土堆,呈东北—西南走向,之间相距 80 米。2005 年 6 月,位于北侧的一号墓被盗未遂,报经国家文物局批准,由安徽省文物考古研究所与蚌埠市博物馆组成考古队对其进行抢救性发掘,结果显示,该墓为春秋时期的钟离国国君墓。发掘工作从 2006 年 12 月至 2008 年 8 月跨三个年头,取得重要收获。

该墓葬出土器物有四百多件,有铜器、彩绘陶器、石器、玉器、几何印纹硬陶器以及海贝和金箔饰件。铜器出土时多锈蚀破碎,有编钟、鼎、豆、簠、盘、勺、盒、刀、锛、镰、匜、戈、矛、剑、镞等三百多件。

(二) 蚌埠双墩三号墓的发掘

在发掘双墩一号墓期间,2007 年 4 月,安徽省文物考古研究所、蚌埠市博物馆,对一号、二号大墓周围的古代文化遗存进行详细的钻探调查,又新发现了一座土坑竖穴墓葬,编号为双墩三号墓(M3)。这座墓葬距一号墓 180 米,距二号墓约 110 米,当时推测它与两座大墓存在联系,有可能是二号墓的陪葬墓。随后,对该墓进行了发掘。

该墓的形制为长方形竖穴土坑,墓坑长边的两侧壁下有生土二层台。随葬品主要包括一组陶器,种类有鼎、盒、罐、钫、盘、盏、铲形器等,均为带彩绘的泥质灰陶器。除陶罐为 2 件外,其余每种都是 4 件成套。器物的形制规整,具有战国晚期楚墓随葬陶器的典型区域特征。该墓出土的鼎、盒、钫,分别与安徽潜山彭岭战国晚期墓所出 A 型Ⅰ式鼎,B 型Ⅰ式盒、Ⅱ式钫,以及潜山公山岗战国墓 M12 和 M82 所出 B 型鼎、M72 所出 B 型钫等器形基本相

---

① 柳诒徵《中国文化史》(上),上海三联书店,2007 年。

同。随葬的琉璃璧与潜山公山岗战国墓 M64 出土的琉璃璧基本相同。有学者研究后指出：战国时的琉璃，以湖南楚墓中出土最多，其中又以长沙占绝大多数，其他楚地所见甚少。墓中还发现一面青铜镜，但已残碎锈蚀，无法辨别纹饰。玉剑首和玉剑均饰有动物纹，做工考究。

（三）凤阳卞庄一号墓的发掘

墓葬位于安徽省凤阳县板桥镇卞庄，亦为圆形墓。经国家文物局批准，安徽省文物考古研究所与凤阳县文物管理所进行了抢救性发掘。

随葬器物主要放置墓底的南部。根据朱红色漆痕分析，墓底南部有椁室或边箱，东边箱下层放置大块肉类食品，上层放置鼎、甗、盘等青铜器，西部被盗掘扰乱，器物位置层次不清，西部边缘放置陶罐、鬲、豆等，兵器主要出土于中部墓主和南部人殉坑之间凸起的土埂上。随葬青铜器 73 件，有礼器、乐器、车马器和兵器等。

卞庄一号墓出土青铜器种类有生活器皿、车马器、兵器、工具和成套乐器等。青铜生活器皿有鼎、盘、甗、簠、豆、盉、罍等；青铜车马器有马衔、铃等；青铜兵器有剑、戈、矛、镞等；青铜工具有斧等；青铜乐器有镈钟、钮钟等。陶器有一定的数量，从墓葬大量碎陶片中修复出鬲、罐、豆等器物。石器有砺石、石磬等。殉葬人还随葬青铜小刀和陶片，在墓葬主棺位置还发现一件残刻花玉饰件。

2007 年，安徽省凤阳县卞庄一号墓出土镈钟一套，有铭文的计 5 枚。铭文内容涉及古钟离国之先公，并可由此确证舒城鼓座铭文“童鹿”亦应释为“钟离”。这套编镈及舒城鼓座铭文对于研究钟离国史以及古钟离与徐、吴、楚诸国之关系具有重要的参考价值。

（四）凤阳大东关一号墓的发现与考古调查

该墓葬位于安徽省凤阳县大东关村西北 200 米处，距钟离城址西南约 0.5 公里，在临淮关东略偏南 2.5 公里处，与凤阳县府城镇东北的直线距离约 11.5 公里，位于津浦路北侧。今行政隶属凤阳县板桥镇古城村大东关村民组。

该墓葬因修路取土彻底被破坏，结构不清楚。当年考古人员赶到现场进行考古调查时，没有发现墓坑迹象。根据现场目击者的介绍，被认为是一座土坑结构墓葬。2007 年 5 月在卞庄墓群中发现的 M1 为圆形土坑结构。7 月份又在卞庄墓群中发现 M12,虽然被破坏,但从墓坑底部残存的形状来看,也是一座小于 M1 的圆形土坑墓。由此推测,在钟离城这个区域范围内的贵族墓葬可能均为圆形墓坑结构。大东关一号墓追缴的随葬品有青铜编钟、鼎、敦和石磬,与卞庄 M1 随葬品基本相同,说明这两座被埋在钟离城附近的墓葬年代与规格均相同,应当属于钟离国贵族的墓葬,其墓葬结构也应该一致。

该墓葬出土文物被哄抢,经追缴的随葬品主要为青铜器,其中有编钟两套,另有鼎、敦、铲、锛、马衔、小铃等,还有石磬,其他质地的随葬品,如漆木器、陶器、玉器等都荡然无存。

四、钟离国的艺术研究

图 2-1　金箔饰件

蚌埠双墩春秋墓器物上均有精美纹饰图案,其中特别引人注目的是在墓中出土的具有特殊含义的金箔上,印有精美花纹并同时出现了蛇和鸟的纹样。双墩出土的金箔(图 2-1),其精美程度和象征意义使之具有不同一般的考古意义,可以说是四川金沙文化出土金箔的延续。双墩金箔呈正圆形,上面布满了刻画印制的神秘纹饰,纹饰大致可分为内、中、外三圈,最外面一圈是锯齿三角折状花纹,放射状极像太阳的光圈,鸟纹出现在第二圈纹饰中,共六个鸟头形象,每个鸟纹具有短喙、圆眼和鸟冠,鸟纹都面向圆心放射状分布。而在最中心部分豁然出现两个三角桃心图案,在桃心对称的两边是两个圆圈形的眼睛,明显是蛇头图案。蛇头处在最内层方向相反的不同方位,身体纠缠在一起,形成适合圆形。在双墩出土的青铜器上(图 2-2),蛇纹除了以春秋时期常见的四方连续的构成方式组成大面积的器壁表面装饰外,在器物的各部位如柄、足部以及配件上都有大量的和反复的出现,很多地方以凸出的、立体的形式出现。双墩墓器物上的蛇纹饰具有三角形或圆三角形的头部和一对凸出的大圆眼,特点明显,形象非常突出。该墓出土一对令人瞩目的彩绘陶器(图 2-3),造型古朴典雅、端庄大方,不但纹饰精美绝伦，而且，虽历经几千年的岁月，色彩依旧艳丽如新。

图 2-2　青铜罍

图 2-3　彩绘陶器

双墩一号墓还出土了编钟 9 件（图 2-4），均为纽钟，形制相同，椭圆筒形，桥纽。出土时完整，体表锈蚀较重。大小依次递减，为完整的一套乐器。编钟正面正部均有相同的铭文："唯王正月初吉丁亥童丽（钟离）君柏作其行钟童丽之金。"背面正部、舞部、篆部和鼓部均有纹饰，枚和纽为素面。纹饰似为变化的蟠虺纹。标本 M1∶1，为最大的一件，通高 26 厘米。

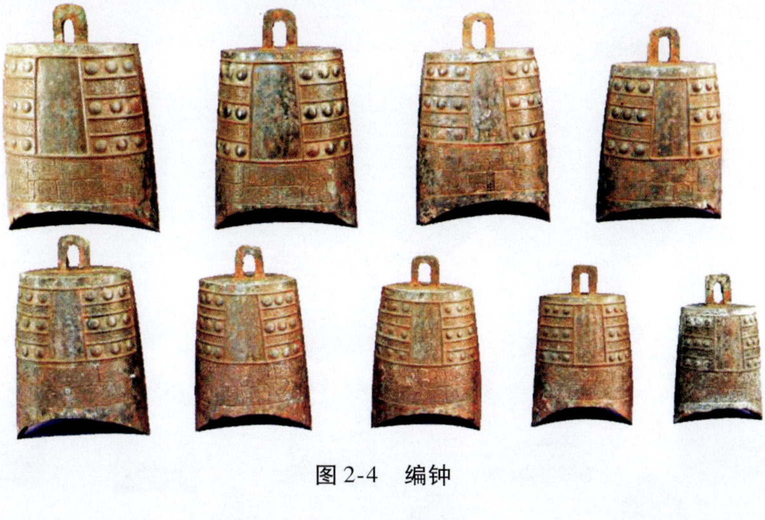

图 2-4　编钟

从出土的金箔饰件、彩绘陶器、青铜罍、玉器等可以得知，当时钟离国在乐器制作、工艺品制作、美术线条色彩运用等方面达到了相当高的水平，同时也反映出钟离国人的审美情趣和审美心理。

第三章

大东关一号墓出土钟磬乐器形制与科学测音

第一节　大东关一号墓简述

凤阳大东关一号墓位于今安徽省凤阳县大东关村西北200米处，距钟离城遗址西南约0.5公里，与今凤阳县府城镇东北的直线距离约11.5公里，位于津浦铁路线北侧。今行政隶属凤阳县板桥镇古城村大东关村民组。1991年冬天，凤阳县修筑临淮关镇至明光市的公路，该墓葬因修路取土彻底被破坏，结构不清楚。当年考古人员赶到现场进行考古调查时，没有发现墓坑的迹象。根据现场目击者的介绍，被认为是一座土坑结构的墓葬。

图3-1　大东关一号墓出土编镈钟、编钮钟全照

该墓葬出土文物被哄抢，经追缴的随葬品主要是青铜器，其中有两套编钟，还有石磬等。两套编钟共计 15 件，包括编镈钟 7 件和编钮钟 8 件（图 3-1）。

第二节　大东关一号墓出土编镈钟形制与科学测音

一、编镈钟简介

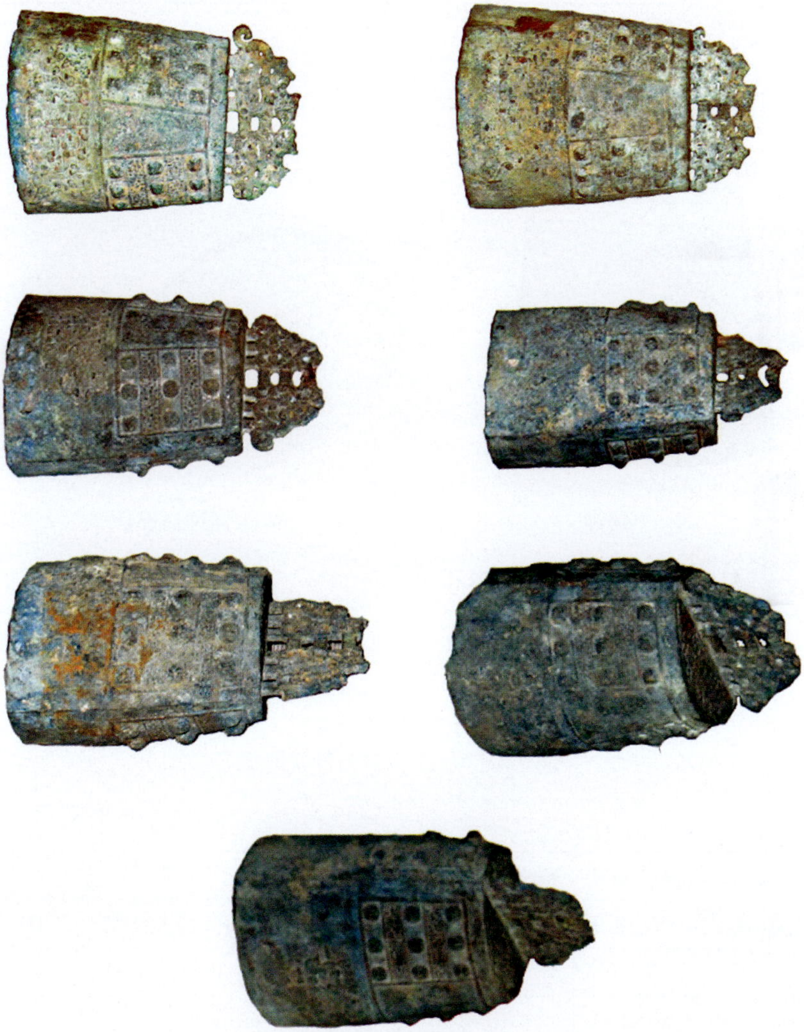

图 3-2　大东关一号墓出土编镈钟全照

（一）M1:1 形制与测音

表 3-1　M1:1 形制与测音数据

单位:厘米、千克

标本	通高	钮高	钮宽	舞横	舞纵	中高	铣长	铣间	鼓间	壁厚	重量
M1:1	33.50	10.00	19.00	18.00	14.60	23.50	23.50	22.80	17.50	0.90～0.70	5.61
测音情况	四侧鼓部有方形凸起,侧鼓部裂,失音										

M1:1 镈钟

M1:1 镈钟口部

图 3-3

（二）M1:2 形制与测音

表 3-2　M1:2 形制与测音数据

单位:厘米、千克

标本	通高	钮高	钮宽	舞横	舞纵	中高	铣长	铣间	鼓间	壁厚	重量
M1:2	31.00	8.00	18.50	17.50	13.50	22.00	21.20	21.30	16.80	0.85～1.00	4.82
正鼓音	音分值	#C4 +33									
	频率	282.63Hz									
测音情况	四侧鼓部有方形凸起										

M1:2 镈钟

M1:2 镈钟口部

图 3-4

（三）M1:3 形制与测音

表 3-3 M1:3 形制与测音数据

单位:厘米、千克

标本	通高	钮高	钮宽	舞横	舞纵	中高	铣长	铣间	鼓间	壁厚	重量
M1:3	28.00	9.00	15.50	16.00	11.80	21.00	20.30	19.10	15.40	0.80~1.00	4.15
测音情况		四侧鼓部有方形凸起,钟体锈,失音									

M1:3 镈钟

M1:3 镈钟口部

图 3-5

（四）M1:4 形制与测音

表 3-4　M1:4 形制与测音数据

单位:厘米、千克

标本	通高	钮高	钮宽	舞横	舞纵	中高	铣长	铣间	鼓间	壁厚	重量
M1:4	25.10	5.90	14.80	14.20	11.20	19.00	18.80	18.40	14.20	0.85～1.20	2.93
正鼓音	音分值		$^{\#}$F4＋12								
	频率		372.69Hz								
测音情况	四侧鼓部有方形凸起										

M1:4 镈钟

M1:4 镈钟口部

图 3-6

（五）M1:5 形制与测音

表 3-5　M1:5 形制与测音数据

单位:厘米、千克

标本	通高	钮高	钮宽	舞横	舞纵	中高	铣长	铣间	鼓间	壁厚	重量
M1:5	24.00	6.00	14.70	13.20	10.20	17.40	17.20	16.70	12.90	0.90～1.10	2.54
正鼓音	音分值		$^{\#}$G4－22								
	频率		410.11Hz								
测音情况	四侧鼓部有方形凸起										

图 3-7　M1:5 镈钟

（六）M1:6 形制与测音

表 3-6　M1:6 形制与测音数据

单位:厘米、千克

标本	通高	钮高	钮宽	舞横	舞纵	中高	铣长	铣间	鼓间	壁厚	重量
M1:6	20.90	4.80	12.40	12.10	9.40	16.00	15.80	15.10	12.00	0.80~0.75	2.23
正鼓音	音分值		#A4 -35								
	频率		456.91Hz								
测音情况	四侧鼓部有方形凸起										

图 3-8　M1:6 镈钟

（七）M1:7 形制与测音

表 3-7　M1:7 形制与测音数据

单位:厘米、千克

标本	通高	钮高	钮宽	舞横	舞纵	中高	铣长	铣间	鼓间	壁厚	重量
M1:7	19.50	4.80	12.00	11.10	8.50	14.20	14.50	13.60	10.40	0.70～0.75	1.78
正鼓音	音分值		$^{\#}$C5－13								
	频率		550.30Hz								
测音情况	四侧鼓部有方形凸起										

图 3-9　M1:7 镈钟

二、测量与测音数据汇表

（一）形制数据总表

测量时间:2011 年 11 月 13 日

测量地点:凤阳县文物管理所

测量人员:方建军、杨和平、李敬民、李清

表 3-8 大东关一号墓出土编镈钟形制数据汇总

单位:厘米、千克

标本	通高	钮高	钮宽	舞横	舞纵	中高	铣长	铣间	鼓间	壁厚	重量
M1:1	33.50	10.00	19.00	18.00	14.60	23.50	23.50	22.80	17.50	0.90~0.70	5.61
M1:2	31.00	8.80	18.50	17.50	13.50	22.00	21.20	21.30	16.80	0.85~1.00	4.82
M1:3	28.00	9.00	15.50	16.00	11.80	21.00	20.30	19.10	15.40	0.80~1.00	4.15
M1:4	25.10	5.90	14.80	14.20	11.20	19.00	18.80	18.40	14.20	0.85~1.20	2.93
M1:5	24.00	6.00	14.70	13.20	10.20	17.40	17.20	16.70	12.90	0.90~1.10	2.54
M1:6	20.90	4.80	12.40	12.10	9.40	16.00	15.80	15.10	12.00	0.80~0.75	2.23
M1:7	19.50	4.80	12.00	11.10	8.50	14.20	14.50	13.60	10.40	0.70~0.75	1.78

（二）测音数据总表

测音时间:2011 年 11 月 13 日

测音地点:凤阳县文物管理所

音叉发音:A4 +32/448.33Hz

测音人员:方建军、杨和平、李敬民、李清

机　　测:方建军

表 3-9 大东关一号墓出土编镈钟测音数据汇总

单位:厘米、千克

编次	标本号	正鼓音		备注
		音分值	频率	
1	M1:1			四侧鼓部有方形凸起,侧鼓部裂,失音
2	M1:2	#C4 +33	282.63Hz	四侧鼓部有方形凸起
3	M1:3			四侧鼓部有方形凸起,钟体锈,失音
4	M1:4	#F4 +12	372.69Hz	四侧鼓部有方形凸起
5	M1:5	#G4 -22	410.11Hz	同上
6	M1:6	#A4 -35	456.91Hz	同上
7	M1:7	#C5 -13	550.30Hz	同上

第三节　大东关一号墓出土编钮钟形制与科学测音

一、编钮钟简介

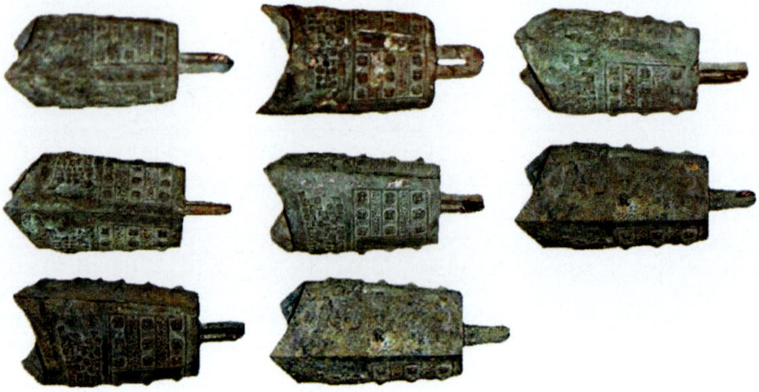

图 3-10　大东关一号墓出土编钮钟全照

（一）M1:1 形制与测音

表 3-10　M1:1 形制与测音数据

单位:厘米、千克

标本	通高	钮高	钮宽	舞横	舞纵	中高	铣长	铣间	鼓间	壁厚	重量
M1:1	19.50	3.50	2.80	9.50	7.00	16.00	15.80	11.60	9.00	0.70	1.06
测音情况	鼓部裂,失音,有唇,四侧鼓部调音										

图 3-11　M1:1 钮钟

（二）M1:2 形制与测音

表 3-11 M1:2 形制与测音数据

单位:厘米、千克

标本	通高	钮高	钮宽	舞横	舞纵	中高	铣长	铣间	鼓间	壁厚	重量
M1:2	19.00	3.50	2.20	9.00	6.90	15.20	15.30	11.00	8.70	0.68 ~ 0.70	1.00
正鼓音	音分值	#D5 +7									
	频率	624.96Hz									
测音情况	有唇,四侧调音,侧鼓音同正鼓音										

图 3-12 M1:2 钮钟

（三）M1:3 形制与测音

表 3-12 M1:3 形制与测音数据

单位:厘米、千克

标本	通高	钮高	钮宽	舞横	舞纵	中高	铣长	铣间	鼓间	壁厚	重量
M1:3	16.50	3.20	2.50	8.00	6.00	13.00	13.20	9.90	7.30	0.75 ~ 0.90	0.78
正鼓音	音分值	A5 - 22									
	频率	868.96Hz									
侧鼓音	音分值	#C6 +1									
	频率	1109.38Hz									
测音情况	有唇,四侧调音,侧鼓音不明显										

图 3-13　M1:3 钮钟

（四）M1:4 形制与测音

表 3-13　M1:4 形制与测音数据

单位:厘米、千克

标本	通高	钮高	钮宽	舞横	舞纵	中高	铣长	铣间	鼓间	壁厚	重量
M1:4	15.90	3.30	2.55	7.40	5.90	12.60	12.50	8.65	6.90	0.50~0.59	0.69
正鼓音		音分值	B5 -44								
		频率	963.08Hz								
侧鼓音		音分值	#D6 -27								
		频率	1225.79Hz								
测音情况	有唇,四侧调音,侧鼓音不明显										

图 3-14　M1 :4 钮钟

（五）M1 :5 形制与测音

表 3-14　M1 :5 形制与测音数据

单位:厘米、千克

标本	通高	钮高	钮宽	舞横	舞纵	中高	铣长	铣间	鼓间	壁厚	重量
M1 :5	14.80	3.00	2.40	6.70	5.30	11.80	11.90	8.40	6.51	0.60 ~ 0.80	0.67
正鼓音		音分值		E6 - 26							
		频率		1298.94Hz							
侧鼓音		音分值		G6 - 7							
		频率		1562.09Hz							
测音情况		有唇,四侧调音,侧鼓音不明显									

图 3-15　M1:5 钮钟

（六）M1:6 形制与测音

表 3-15　M1:6 形制与测音数据

单位:厘米、千克

标本	通高	钮高	钮宽	舞横	舞纵	中高	铣长	铣间	鼓间	壁厚	重量
M1:6	13.50	3.00	2.20	6.00	4.90	10.40	10.50	7.30	6.00	0.85～0.90	0.57
正鼓音		音分值	#A6－24								
		频率	1839.50Hz								
侧鼓音		音分值	#C7－28								
		频率	2182.58Hz								
测音情况		有唇,四侧调音									

图 3-16　M1:6 钮钟

（七）M1:7 形制与测音

表 3-16　M1:7 形制与测音数据

单位:厘米、千克

标本	通高	钮高	钮宽	舞横	舞纵	中高	铣长	铣间	鼓间	壁厚	重量
M1:7	12.50	2.90	2.10	5.60	4.30	9.50	9.70	6.80	5.30	0.65~0.70	0.41
正鼓音		音分值		B6+10							
		频率		1987.06Hz							
侧鼓音		音分值		D7+28							
		频率		2388.25Hz							
测音情况		有唇,四侧调音									

图 3-17　M1:7 钮钟

（八）M1:8 形制与测音

表 3-17　M1:8 形制与测音数据

单位:厘米、千克

标本	通高	钮高	钮宽	舞横	舞纵	中高	铣长	铣间	鼓间	壁厚	重量
M1:3	12.00	2.60	2.10	5.10	4.15	8.50	8.90	6.50	5.00	0.80~0.85	0.36
正鼓音	音分值	F7 -22									
	频率	2760.05Hz									
测音情况	有唇,四侧调音,侧鼓音同正鼓音										

图 3-18 M1:8 钮钟

二、测量与测音数据汇表

(一) 形制数据总表

测量时间:2011 年 11 月 13 日

测量地点:凤阳县文物管理所

测量人员:方建军、杨和平、李敬民、李清

表 3-18 大东关一号墓出土编钮钟形制数据汇总

单位:厘米、千克

标本	通高	钮高	钮宽	舞横	舞纵	中高	铣长	铣间	鼓间	壁厚	重量
M1:1	19.50	3.50	2.80	9.50	7.00	16.00	15.80	11.60	9.00	0.70~0.70	1.06
M1:2	19.00	3.50	2.20	9.00	6.90	15.20	15.30	11.00	8.70	0.68~0.70	1.00
M1:3	16.50	3.20	2.50	8.00	6.00	13.00	13.20	9.90	7.30	0.75~0.90	0.78
M1:4	15.90	3.30	2.55	7.40	5.90	12.60	12.50	8.65	6.90	0.50~0.59	0.69
M1:5	14.80	3.00	2.40	6.70	5.30	11.80	11.90	8.40	6.51	0.60~0.80	0.67
M1:6	13.50	3.00	2.20	6.00	4.90	10.40	10.50	7.30	6.00	0.85~0.90	0.57
M1:7	12.50	2.90	2.10	5.60	4.30	9.50	9.70	6.80	5.30	0.65~0.70	0.41
M1:8	12.00	2.60	2.10	5.10	4.15	8.50	8.90	6.50	5.00	0.80~0.85	0.36

(二) 测音数据总表

测音时间:2011 年 11 月 13 日

测音地点:凤阳县文物管理所

音叉发音:A4 +33/448.61Hz

测音人员:方建军、杨和平、李敬民、李清

机　　测:方建军

表 3-19　大东关一号墓出土编钮钟测音数据汇总

单位:厘米、千克

编次	标本号	正鼓音		侧鼓音		备注
		音分值	频率	音分值	频率	
1	M1:1					鼓部裂,失音,有唇,四侧鼓部调音
2	M1:2	#D5 +7	624.96Hz			有唇,四侧调音,侧鼓音同正鼓音
3	M1:3	A5 -22	868.96Hz	#C6 +1	1109.38Hz	有唇,四侧调音,侧鼓音不明显
4	M1:4	B5 -44	963.08Hz	#D6 -27	1225.79Hz	同上
5	M1:5	E6 -26	1298.94Hz	G6 -7	1562.09Hz	同上
6	M1:6	#A6 -24	1839.50Hz	#C7 -28	2182.58Hz	有唇,四侧调音
7	M1:7	B6 +10	1987.06Hz	D7 +28	2388.25Hz	同上
8	M1:8	F7 -22	2760.05Hz			有唇,四侧调音,侧鼓音同正鼓音

第四节 大东关一号墓出土编镈钟、编钮钟拓片

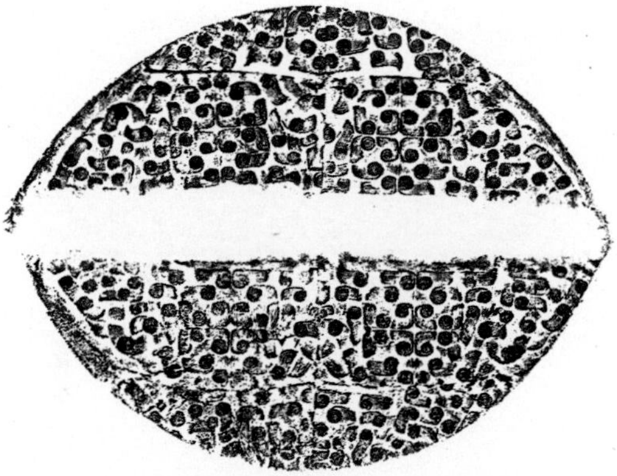
舞面

M1:1 镈钟

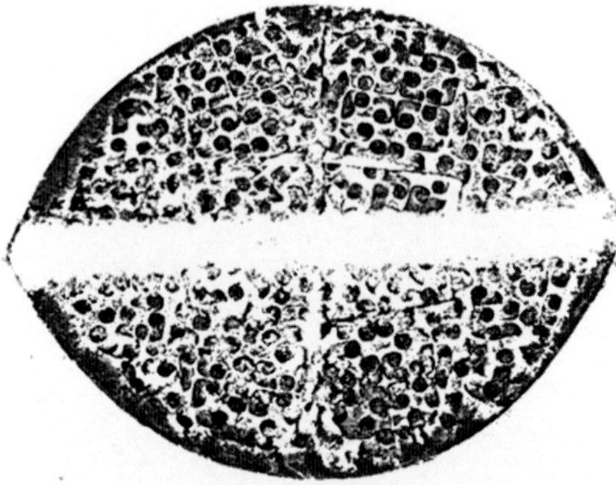

舞面

M1:2 镈钟

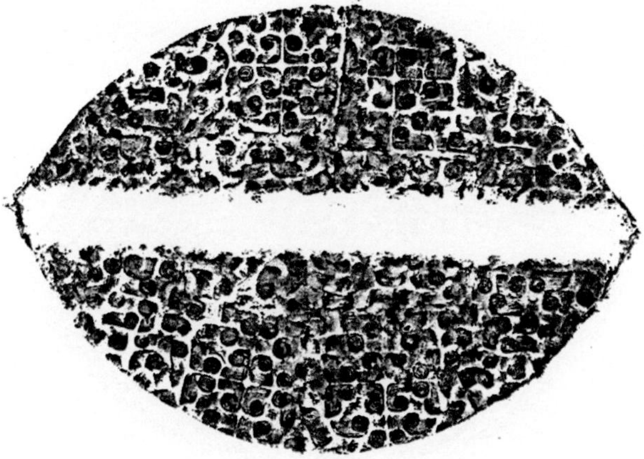

舞面

M1:3 镈钟

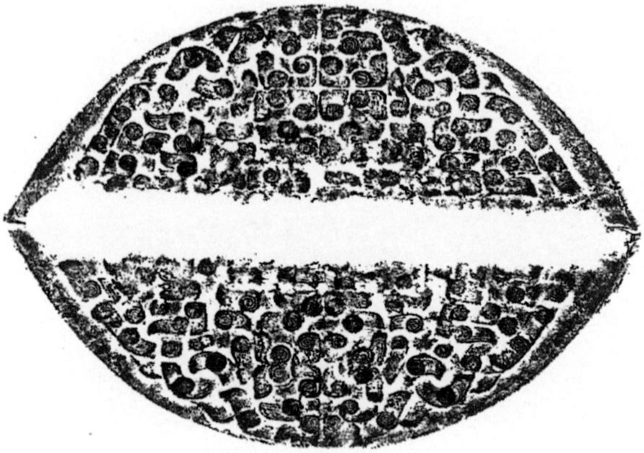

舞面

M1:4 镈钟

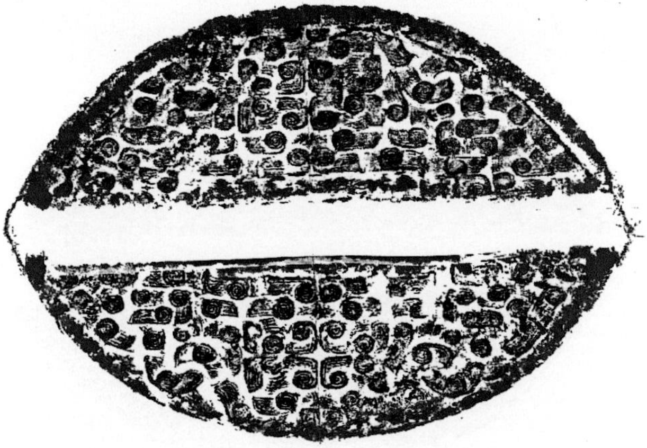

舞面

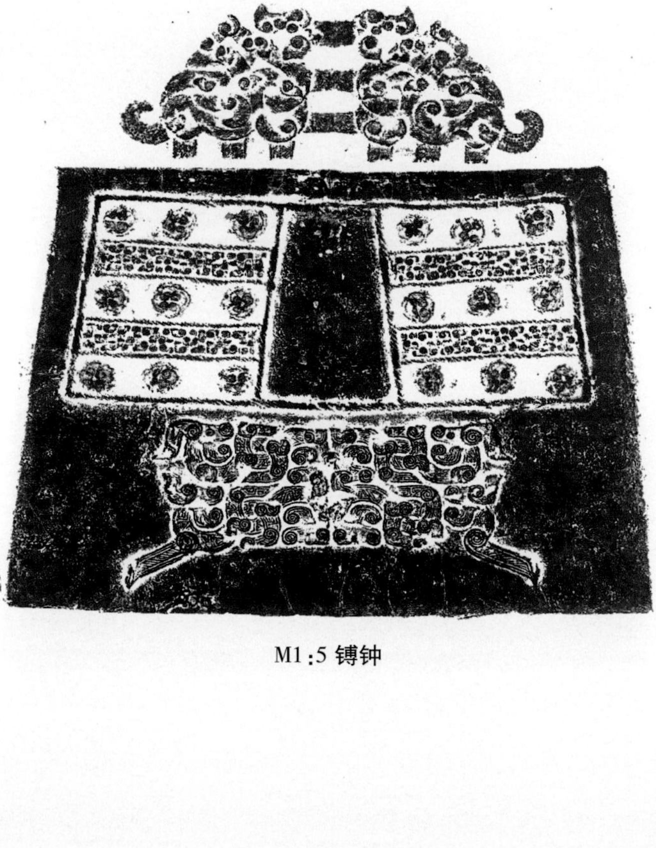

M1 :5 镈钟

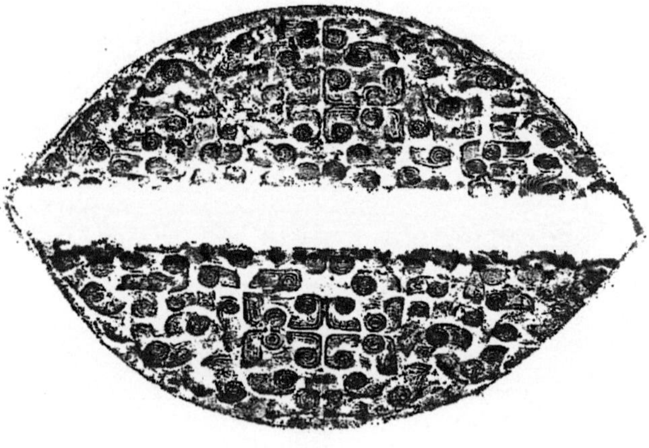

舞面

M1:6 镈钟

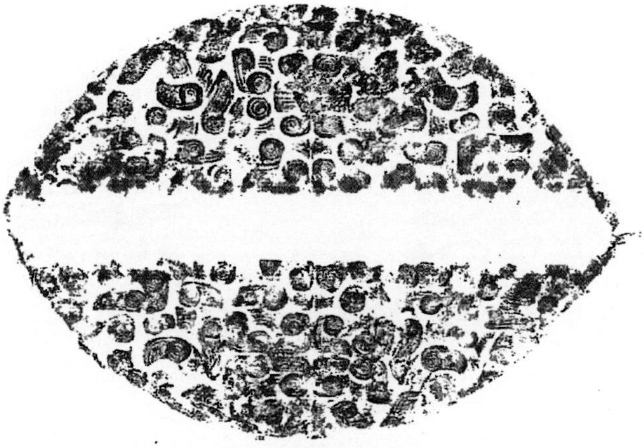

舞面

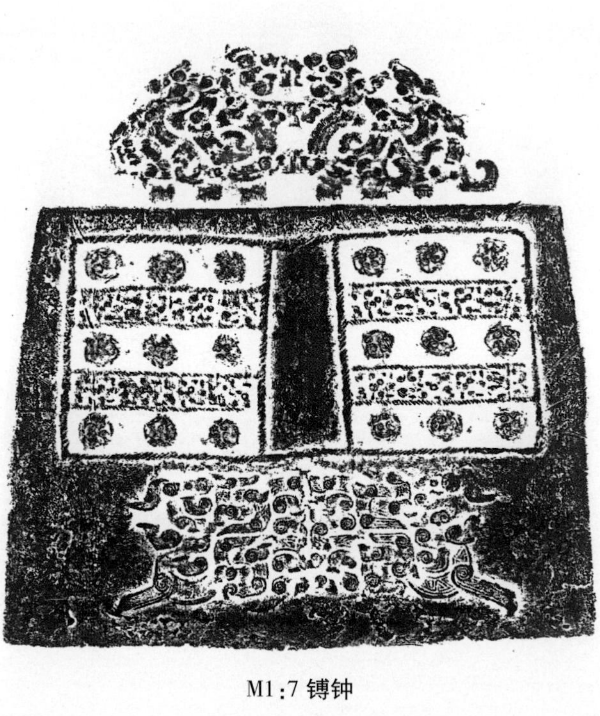

M1:7 镈钟

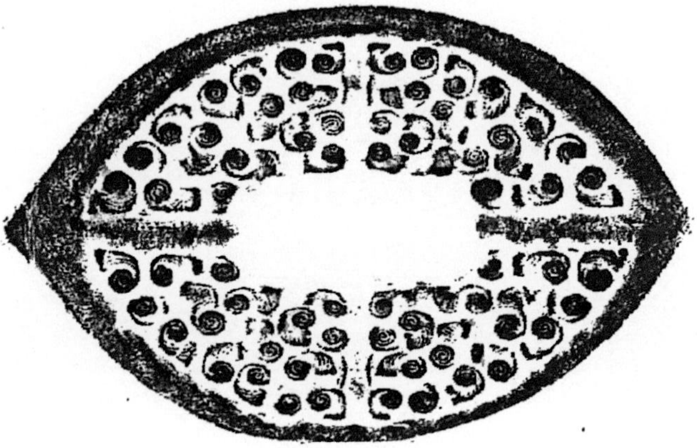

舞面

M1:1 钮钟

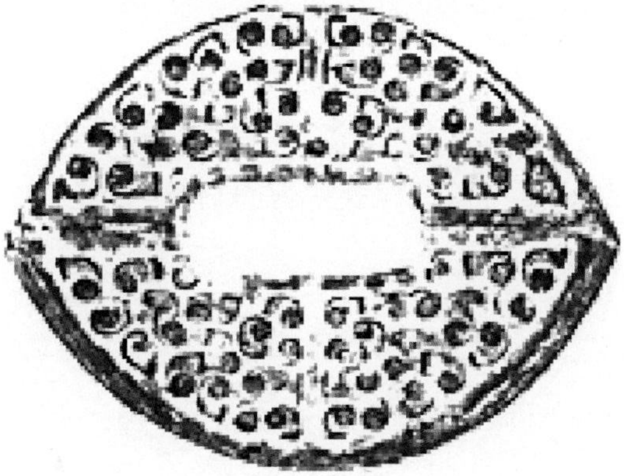

舞面

M1:2 钮钟

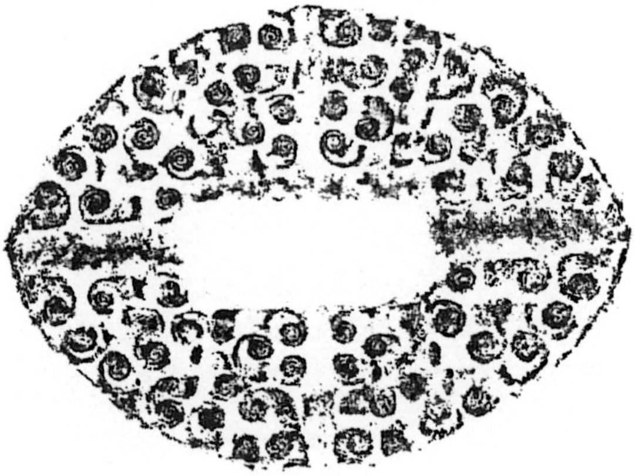

舞面

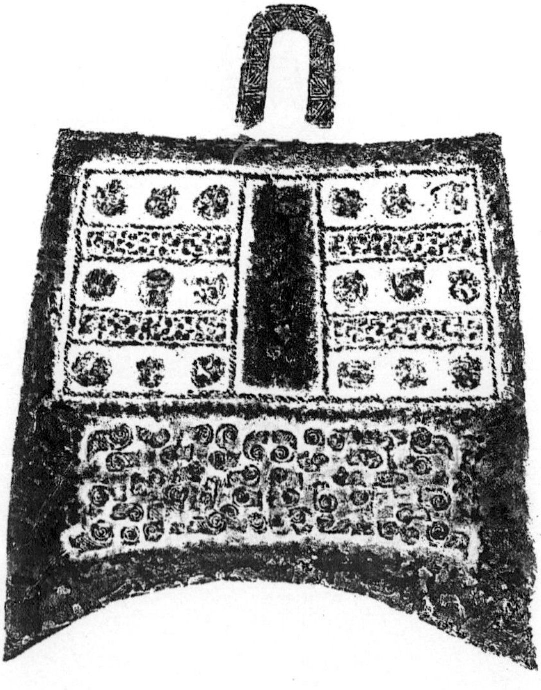

M1:3 钮钟

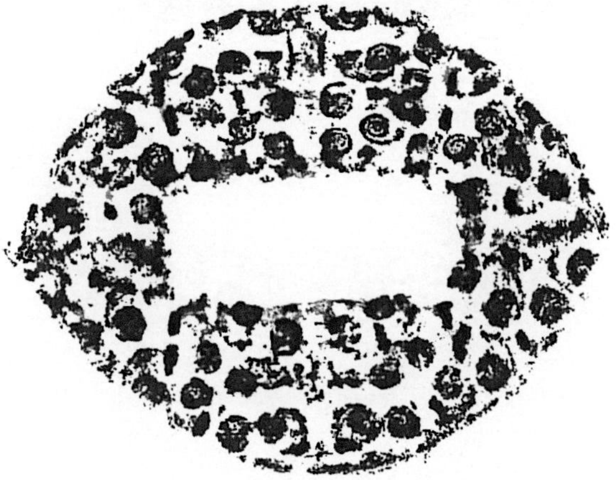

舞面

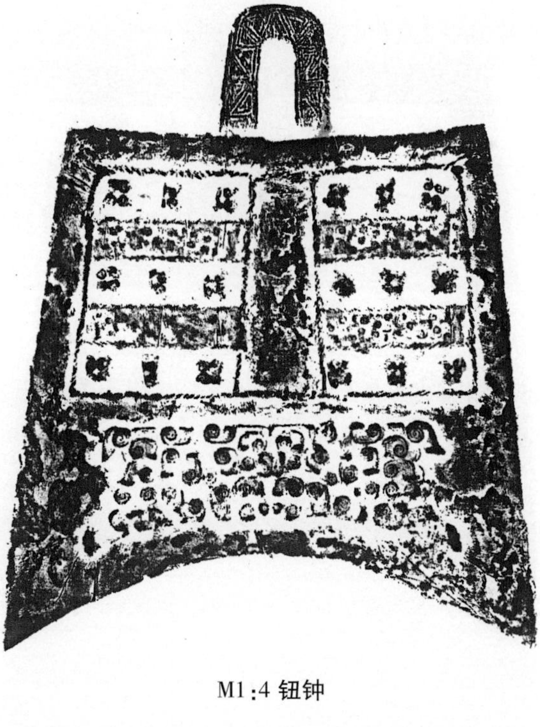

M1:4 钮钟

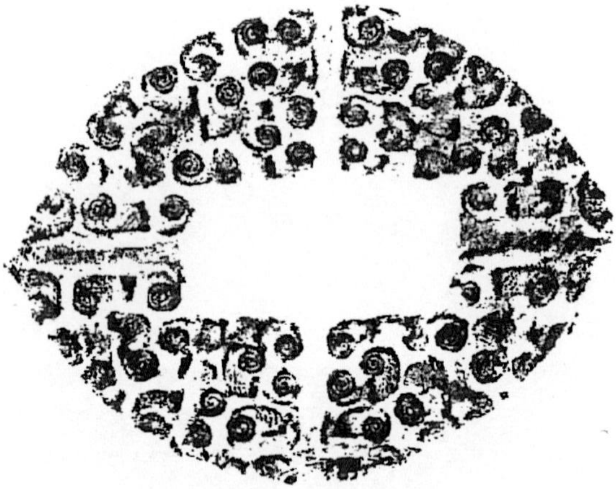

舞面

M1∶5 钮钟

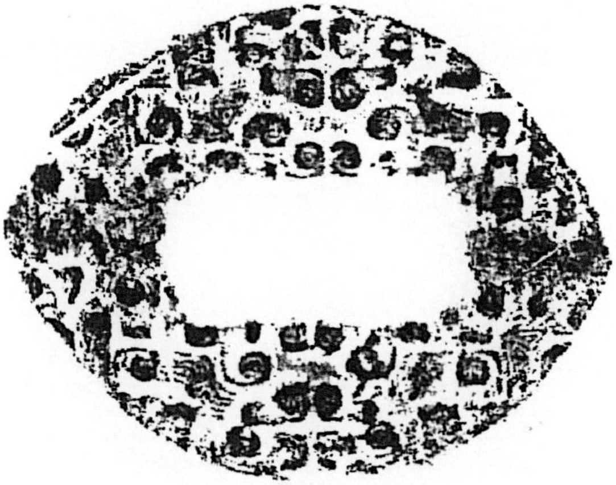

舞面

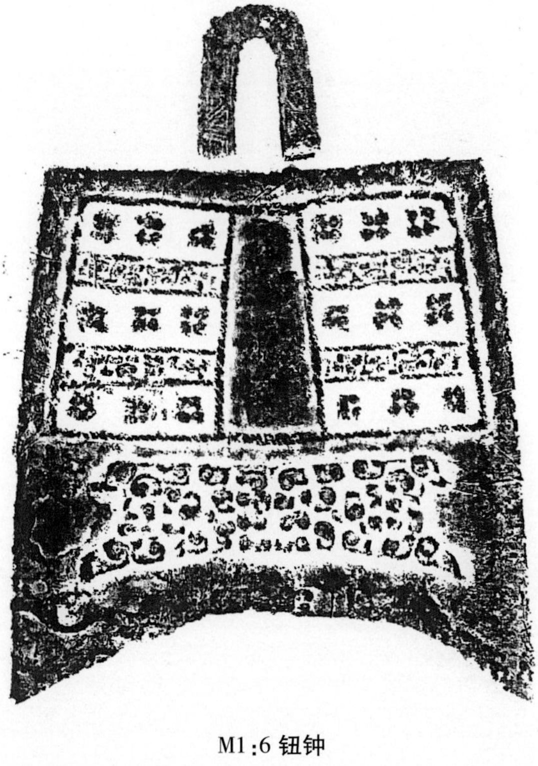

M1:6 钮钟

舞面

M1:7 钮钟

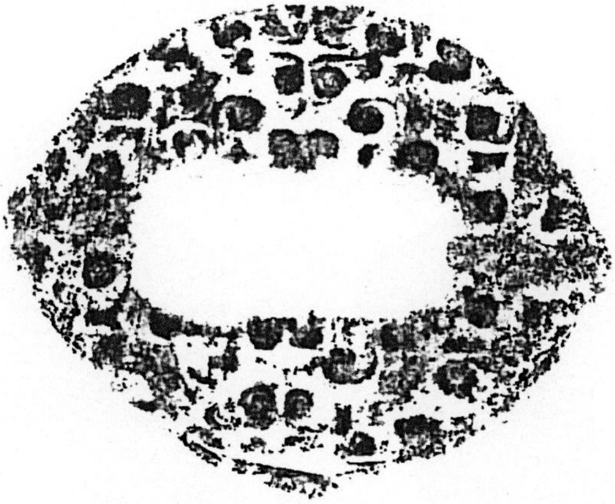

舞面

M1:8 钮钟

第五节　大东关一号墓出土编磬形制与科学测量

一、编磬图

M1:29 石磬

M1:30 石磬

M1:31 石磬

M1:32 石磬

二、科学测量

石磬4件均残，形制相同，大小依次递减。均为灰色石料，有的中间夹杂白色石筋。磬体扁平，上起脊，脊中有圆形索孔，下弧形，两端平齐。有的表面有红色彩绘痕迹。

标本M1:29，残长28.6厘米、宽9厘米、厚2.6厘米

标本M1:30，残长30厘米、宽11.3厘米、厚1.9厘米

标本M1:31，残长18.8厘米、宽10.4厘米、厚2～2.2厘米

标本 M1:32,残长 19.8 厘米、宽 10.8 厘米、厚 2.3 ~1.8 厘米

第六节 小 结

2011 年 11 月 13 日上午,应凤阳县文史馆和大东关一号春秋墓考古发掘队队长阚绪杭先生的邀请,方建军、杨和平、李敬民、李清四位学者在凤阳县文物管理所对该墓出土的两套青铜编钟和 4 件石磬残件进行了较为详尽的鉴定工作。从形制大小看,镈钟体型大于钮钟。形体规范,根据乐器音阶的要求,大小依次按一定尺寸递减,编钟为椭圆筒形,顶部有钮,均为一次性模铸。钟体纹饰比较复杂,地纹和主纹凹凸相同,繁缛而精细。镈钟和钮钟的正背两面钲部均无纹饰,其余部分有纹饰。

一、关于编镈钟的研究

镈钟共计 7 件,除钟体均锈蚀较重外,基本完好。形制相同,大小依次顺减。形制为椭圆筒形,平口,正背面纹饰相同,钲部无纹饰。镂空的钮上窄下宽呈梯形状,钮分两组并铸,每组三条龙相互缠绕,龙身饰回形三角几何纹。钲部呈梯形状,上窄下宽。钲部左右两区分别为五个小区,其中篆区两个,是蟠螭纹,枚区三个,枚圆凸形,枚顶四等分饰螭虺旋纹。舞部饰螭虺纹,鼓部以螭虺纹组成变形兽纹。

这套编镈钟出土之后,它的音响效果与其音乐性能尚未测试,这次对该套编钟的测音也是其出土后的首次测音。

统看 7 件镈钟的发音,除 1 号和 3 号钟由于鼓部断裂和锈蚀严重而失音外,其余 5 件钟正鼓部发音良好,音高准确,音列完整。侧鼓部无敲击点痕迹,而且编钟的侧鼓面所发之音无一定的音律组合,所发音不在调式和使用之列。表明这是一套一钟一音的编镈钟。

二、关于编钮钟的研究

钮钟共计 8 件,钟体锈蚀均较重,除 1 号钟鼓部断裂失音外,其他几件钟保存基本完好。8 件钟大小依次顺减,形制为椭圆筒形,于口弧形,铣突出,正背两面纹饰相同。扁方形桥钮饰三角几何纹。钲部梯形状以凸弦绳纹为界分为左右两区,每区又分为五个小区,其中篆部两个小区饰蟠虺纹,另外三个枚区分别饰三个圆凸形的枚,枚顶饰四个蟠虺旋纹。舞部饰蟠虺

纹，鼓部以蟠虺纹组成变形兽纹。

这次对该套编钮钟的测音同样也是在其出土后的首次测音。8 件钮钟的发音大都不够清晰，只有 3 件发音较好。

三、关于石磬的研究

石磬 4 件，均为残件，形制相同，大小依次递减。均为灰色石料，有的中间夹杂白色石筋。磬体扁平，上起脊，脊中有圆形索孔，下弧形，两端平齐。有的表面有红色彩绘痕迹。

大东关一号墓出土的青铜镈钟、钮钟，与安徽寿县蔡侯墓出土的青铜镈钟、钮钟的枚顶均四等分饰旋绕蟠虺纹，钟体的鼓部、舞部均饰浮雕蟠螭纹等特征基本吻合。此外，大东关一号墓也与下庄一号墓出土的镈钟、钮钟的枚饰相近。这表明它们应是同一时代的器物，器物典型的细部特征也都具备春秋中晚期的时代特征。

第四章

卞庄一号墓出土钟磬乐器形制与科学测音

第一节　卞庄一号墓简述

凤阳卞庄一号墓位于安徽省凤阳县卞庄西北0.7公里，距钟离国城遗址北1公里，在临淮关东3.2公里处，与今凤阳县府城镇东北的直线距离约12.4公里，行政隶属今凤阳县板桥镇古城村卞庄村民组。具体位置经卫星定位仪(GPS)测得的数据为：北纬33°55′090″、东经117°40′425″。卞庄一号墓是罕见的圆形墓坑结构，共出土金石乐器23件，其中保存较完好的编镈钟5件、编钮钟9件、编磬9件(图4-1)。

图4-1　卞庄一号墓出土编镈钟、编钮钟全照

出土的5件编镈钟正、背面鼓部和两边侧鼓部均有铭文，最重要的是"钟离之季子康"铭文的发现，说明该墓葬是淮河流域钟离国贵族"康"的墓葬。

这种圆形墓葬形制非常特殊(图4-2)，是我国考古工作中从未见过的墓坑形状，为研究我国古代葬俗提供了新材料。卞庄一号墓出土的青铜器组合和器形都具有典型的时代特征，为春秋时期青铜器的断代工作提供了佐证。钟离国墓葬的形制结构和大量的随葬品都具有浓厚的淮河流域地域文化特征，是研究钟离国历史和淮夷文化的重要新资料。

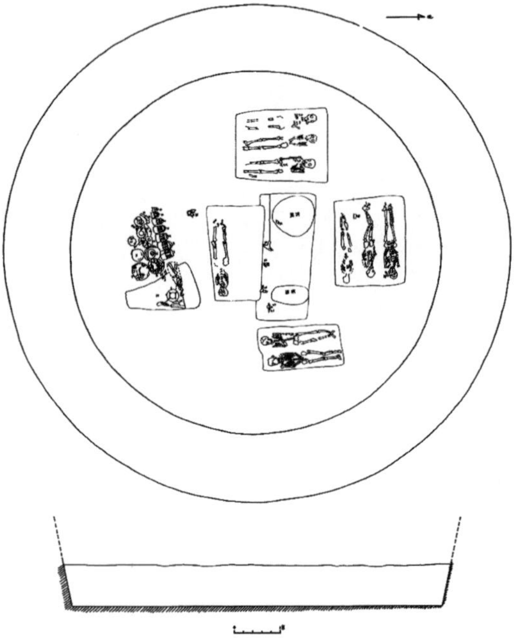

图 4-2　卞庄一号墓葬平剖面图

第二节　卞庄一号墓出土编镈钟形制与科学测音

一、编镈钟简介

图 4-3　卞庄一号墓出土编镈钟全照

（一）M1：1 形制与测音

表 4-1 M1：1 形制与测音数据

单位：厘米、千克

标本	通高	钮高	钮宽	舞横	舞纵	中高	铣长	铣间	鼓间	壁厚	重量
M1：1	30.00	9.00	18.00	18.70	14.00	21.00	21.80	21.00	13.30	0.70～0.80	5.30
测音情况	鼓部裂，失音，四侧调音										

M1：1 镈钟

M1：1 镈钟舞面

M1：1 镈钟口部

图 4-4

（二）M1：2 形制与测音

表 4-2 M1：2 形制与测音数据

单位：厘米、千克

标本	通高	钮高	钮宽	舞横	舞纵	中高	铣长	铣间	鼓间	壁厚	重量
M1：2	28.90	8.50	17.20	16.60	13.90	20.40	20.01	18.80	13.80	0.70～0.85	4.43
正鼓音	音分值	E4+30									
	频率	335.43Hz									
侧鼓音	音分值	G4-46									
	频率	381.81Hz									
测音情况	四侧调音、侧鼓音不明显										

M1:2 镈钟

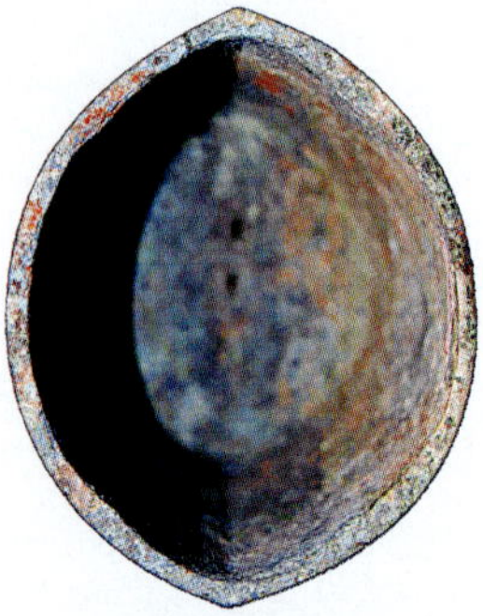

M1:2 镈钟口部

图 4-5

（三）M1:3 形制与测音

表 4-3　M1:3 形制与测音数据

单位：厘米、千克

标本	通高	钮高	钮宽	舞横	舞纵	中高	铣长	铣间	鼓间	壁厚	重量
M1:3	26.80	7.80	14.90	16.20	12.40	19.00	18.80	17.50	13.10	0.70～0.85	4.27
正鼓音		音分值	#G4-15								
		频率	411.83Hz								
侧鼓音		音分值	B4+23								
		频率	500.65Hz								
测音情况		四侧调音，侧鼓音不明显									

M1:3 镈钟

M1:3 镈钟口部

图 4-6

（四）M1:4 形制与测音

表 4-4　M1:4 形制与测音数据

单位：厘米、千克

标本	通高	钮高	钮宽	舞横	舞纵	中高	铣长	铣间	鼓间	壁厚	重量
M1:4	25.70	7.50	14.90	16.00	11.50	18.20	18.00	16.00	12.30	0.70 ~ 0.85	3.84
正鼓音		音分值	#A4-18								
		频率	461.43Hz								
侧鼓音		音分值	C5-12								
		频率	519.88Hz								
测音情况		四侧调音，侧鼓音不明显									

M1:4 镈钟

M1:4 镈钟口部

图 4-7

（五）M1:5 形制与测音

表 4-5　M1:5 形制与测音数据

单位：厘米、千克

标本	通高	钮高	钮宽	舞横	舞纵	中高	铣长	铣间	鼓间	壁厚	重量
M1:5	24.20	7.40	14.30	14.30	11.00	17.20	17.00	15.00	11.40	0.60 ~ 0.70	3.45
正鼓音		音分值	C5-40								
		频率	511.43Hz								
侧鼓音		音分值	#C5 +21								
		频率	561.22Hz								
测音情况		四侧调音，侧鼓音同正鼓音									

M1:5 镈钟

M1:5 镈钟口部

图 4-8

二、测量与测音数据汇表

(一) 形制数据总表

测量时间：2011 年 11 月 14 日

测量地点：安徽省博物馆

测量人员：杨和平、李敬民、李清

表 4-6　卞庄一号墓出土编镈钟形制数据汇总

单位：厘米、千克

标本	通高	钮高	钮宽	舞横	舞纵	中高	铣长	铣间	鼓间	壁厚	重量
M1:1	30.00	9.00	18.00	18.70	14.00	21.00	21.80	21.00	13.30	0.80 ~ 0.70	5.30
M1:2	28.90	8.50	17.20	16.60	13.90	20.40	20.01	18.80	13.80	0.70 ~ 0.85	4.43
M1:3	26.80	7.80	14.90	16.20	12.40	19.00	18.80	17.50	13.10	0.70 ~ 0.85	4.27
M1:4	25.70	7.50	14.90	16.00	11.50	18.20	18.00	16.00	12.30	0.70 ~ 0.85	3.84
M1:5	24.20	7.40	14.30	14.30	11.00	17.20	17.00	15.00	11.40	0.60 ~ 0.70	3.45

(二) 测音数据总表

测音时间：2011 年 11 月 14 日

测音地点：安徽省博物馆

音叉发音：A4-24/434.13

测音人员：杨和平、李敬民、李清

机　　测：方建军

表 4-7　卞庄一号墓出土编镈钟测音数据汇总

编次	标本号	正鼓音		侧鼓音		备　注
		音分值	频率	音分值	频率	
1	M1:1					鼓部裂，失音，四侧调音
2	M1:2	E4+30	335.43Hz	G4-46	381.81Hz	四侧调音，侧鼓音不明显
3	M1:3	#G4-15	411.83Hz	B4+23	500.65Hz	同上
4	M1:4	#A4-18	461.43Hz	C5-12	519.88Hz	同上
5	M1:5	C5-40	511.43Hz	#C5+21	561.22Hz	四侧调音，侧鼓音同正鼓音

三、部分镈钟铭文图

M1:1 镈钟正面钲部铭文

M1:1 镈钟左侧边铭文

M1:1 镈钟右侧边铭文

M1:1 镈钟背面钲部铭文

M1:2 镈钟正面钲部铭文

M1:2 镈钟左侧边铭文

M1:2 镈钟背面钲部铭文

M1:3 镈钟背面钲部铭文

M1:4 镈钟正面钲部铭文

M1:4 镈钟左侧边铭文

M1:4 镈钟右侧边铭文

M1:4 镈钟背面钲部铭文

第三节　卞庄一号墓出土编钮钟形制与科学测音

一、编钮钟简介

图 4-9　卞庄一号墓出土编钮钟全照

（一）M1:1 形制与测音

表 4-8　M1:1 形制与测音数据

单位：厘米、千克

标本	通高	钮高	钮宽	舞横	舞纵	中高	铣长	铣间	鼓间	壁厚	重量
M1:1	18.10	3.90	3.70	11.70	8.90	14.20	15.40	13.30	9.50	0.60～0.70	1.80
正鼓音	音分值	#D5-30									
	频率	611.63Hz									
测音情况	有唇，四侧调音，侧鼓音同正鼓音										

M1:1 钮钟

M1:1 钮钟口部

图 4-10

（二）M1:2 形制与测音

表 4-9　M1:2 形制与测音数据

单位：厘米、千克

标本	通高	钮高	钮宽	舞横	舞纵	中高	铣长	铣间	鼓间	壁厚	重量
M1:2	17.20	3.70	3.80	11.50	8.60	13.50	14.00	12.60	9.40	0.60 ~ 0.90	1.59
正鼓音		音分值		F5-44							
		频率		681.00Hz							
侧鼓音		音分值		A5 +9							
		频率		884.67Hz							
测音情况		有唇，四侧调音									

M1:2 钮钟

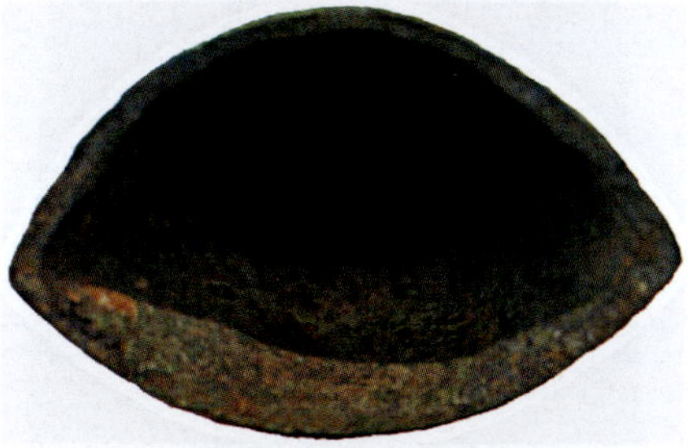

M1:2 钮钟口部

图 4-11

（三）M1:3 形制与测音

表 4-10　M1:3 形制与测音数据

单位：厘米、千克

标本	通高	钮高	钮宽	舞横	舞纵	中高	铣长	铣间	鼓间	壁厚	重量
M1:3	15.90	3.70	3.10	10.50	8.00	12.20	13.60	11.90	8.80	0.70～1.00	1.37
正鼓音		音分值		#G5-38							
		频率		812.89Hz							
侧鼓音		音分值		C6-21							
		频率		1034.38Hz							
测音情况		有唇，四侧调音									

M1:3 钮钟

M1:3 钮钟口部

图 4-12

（四）M1:4 形制与测音

表 4-11　M1:4 形制与测音数据

单位：厘米、千克

标本	通高	钮高	钮宽	舞横	舞纵	中高	铣长	铣间	鼓间	壁厚	重量
M1:4	15.00	3.40	2.80	10.00	7.60	11.60	12.50	11.10	7.80	0.65～0.95	1.13
正鼓音	音分值	#A5-28									
	频率	917.87Hz									
侧鼓音	音分值	D6+43									
	频率	1204.34Hz									
测音情况	有唇，四侧调音										

M1:4 钮钟　　　M1:4 钮钟口部

图 4-13

（五）M1∶5 形制与测音

表 4-12　M1∶5 形制与测音数据

单位：厘米、千克

标本	通高	钮高	钮宽	舞横	舞纵	中高	铣长	铣间	鼓间	壁厚	重量
M1∶5	14.10	3.10	2.80	9.40	7.30	11.00	11.60	10.30	7.30	0.60～0.70	0.98
正鼓音		音分值		C6-45							
		频率		1020.15Hz							
侧鼓音		音分值		#D6-20							
		频率		1230.49Hz							
测音情况		有唇，四侧调音									

M1∶5 钮钟

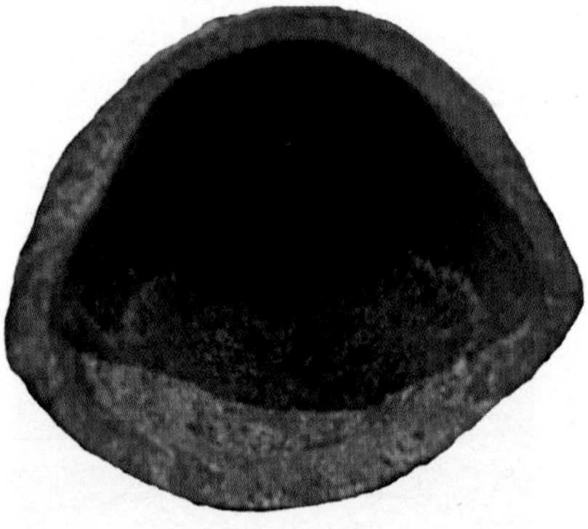

M1∶5 钮钟口部

图 4-14

（六）M1:6 形制与测音

表 4-13　M1:6 形制与测音数据

单位：厘米、千克

标本	通高	钮高	钮宽	舞横	舞纵	中高	铣长	铣间	鼓间	壁厚	重量
M1:6	13.10	3.10	2.80	8.90	6.80	10.00	11.40	9.80	7.10	0.70 ~ 1.00	0.95
正鼓音		音分值	E6 +42								
		频率	1351.23Hz								
侧鼓音		音分值	#G6-16								
		频率	1646.55Hz								
测音情况	有唇,四侧调音										

M1:6 钮钟

图 4-15

（七）M1:7 形制与测音

表 4-14　M1:7 形制与测音数据

单位：厘米、千克

标本	通高	钮高	钮宽	舞横	舞纵	中高	铣长	铣间	鼓间	壁厚	重量
M1:7	12.00	3.10	2.80	7.70	6.00	8.90	9.70	8.80	6.30	0.90 ~ 1.15	0.79
正鼓音		音分值	#A6 +9								
		频率	1875.08Hz								
侧鼓音		音分值	D7-38								
		频率	2298.71Hz								
测音情况		有唇，四侧调音									

M1:7 钮钟

图 4-16

（八）M1:8 形制与测音

表 4-15　M1:8 形制与测音数据

单位：厘米、千克

标本	通高	钮高	钮宽	舞横	舞纵	中高	铣长	铣间	鼓间	壁厚	重量
M1:8	10.70	2.40	2.30	7.10	5.90	8.30	9.00	8.00	6.30	0.90～1.05	0.76
正鼓音	音分值		C7-2								
	频率		2091.06Hz								
侧鼓音	音分值		E7-32								
	频率		2590.04Hz								
测音情况	有唇，四侧调音										

M1:8 钮钟

M1:8 钮钟口部

图 4-17

（九）M1:9 形制与测音

表 4-16　M1:9 形制与测音数据

单位：厘米、千克

<table>
<tr><td>标本</td><td>通高</td><td>钮高</td><td>钮宽</td><td>舞横</td><td>舞纵</td><td>中高</td><td>铣长</td><td>铣间</td><td>鼓间</td><td>壁厚</td><td>重量</td></tr>
<tr><td>M1:9</td><td>9.00</td><td>2.10</td><td>2.10</td><td>6.80</td><td>4.80</td><td>7.80</td><td>8.40</td><td>7.70</td><td>6.90</td><td>1.15 ~ 1.20</td><td>0.62</td></tr>
<tr><td rowspan="2">正鼓音</td><td colspan="2">音分值</td><td colspan="9">G7 +19</td></tr>
<tr><td colspan="2">频率</td><td colspan="9">3171.73Hz</td></tr>
<tr><td>测音情况</td><td colspan="11">有唇，四侧调音，侧鼓音同正鼓音</td></tr>
</table>

M1:9 钮钟

图 4-18

二、测量与测音数据汇表

（一）形制数据总表

测量时间：2011 年 11 月 14 日

测量地点：安徽省博物馆

测量人员：杨和平、李敬民、李清

表 4-17　卞庄一号墓出土编钮钟形制数据汇总

单位：厘米、千克

标本	通高	钮高	钮宽	舞横	舞纵	中高	铣长	铣间	鼓间	壁厚	重量
M1:1	18.10	3.90	3.70	11.70	8.90	14.20	15.40	13.30	9.50	0.60～0.70	1.80
M1:2	17.20	3.70	3.80	11.50	8.60	13.50	14.00	12.60	9.40	0.60～0.90	1.59
M1:3	15.90	3.70	3.10	10.50	8.00	12.20	13.60	11.90	8.80	0.70～1.00	1.37
M1:4	15.00	3.40	2.80	10.00	7.60	11.60	12.50	11.10	7.80	0.65～0.95	1.13
M1:5	14.10	3.10	2.80	9.40	7.30	11.00	11.60	10.03	7.30	0.60～0.70	0.98
M1:6	13.10	3.10	2.80	8.90	6.80	10.00	11.40	9.80	7.10	0.70～1.00	0.95
M1:7	12.00	3.10	2.80	7.70	6.00	8.90	9.70	8.80	6.30	0.90～1.15	0.79
M1:8	10.70	2.40	2.30	7.10	5.90	8.30	9.00	8.00	6.30	0.90～1.05	0.76
M1:9	9.00	2.10	2.10	6.80	4.80	7.80	8.40	7.70	6.90	1.15～1.20	0.62

（二）测音数据总表

测音时间：2011 年 11 月 14 日

测音地点：安徽省博物馆

音叉发音：A4-21/434.70

测音人员：杨和平、李敬民、李清

机　　测：方建军

表 4-18　卞庄一号墓出土编钮钟测音数据汇总

编次	标本号	正鼓音		侧鼓音		备　注
		音分值	频率	音分值	频率	
1	M1:1	#D5-30	611.63Hz			有唇，四侧调音，侧鼓音同正鼓音
2	M1:2	F5-44	681.00Hz	A5+9	884.67Hz	有唇，四侧调音

续表

编次	标本号	正鼓音		侧鼓音		备　注
		音分值	频率	音分值	频率	
3	M1:3	#G5-38	812.89Hz	C6-21	1034.38Hz	有唇,四侧调音
4	M1:4	#A5-28	917.87Hz	D6+43	1204.34Hz	同上
5	M1:5	C6-45	1020.15Hz	#D6-20	1230.49Hz	同上
6	M1:6	E6+42	1351.23Hz	#G6-16	1646.55Hz	同上
7	M1:7	#A6+9	1875.08Hz	D7-38	2298.71Hz	同上
8	M1:8	C7-2	2091.06Hz	E7-32	2590.04Hz	同上
9	M1:9	G7+19	3171.73Hz			有唇,四侧调音,侧鼓音同正鼓音

第四节　卞庄一号墓出土编镈钟、编纽钟拓片

M1:1 镈钟

M1:2 镈钟

M1:2 镈钟舞面

M1:2 镈钟正鼓面

M1:2 镈钟侧鼓边

M1:3 镈钟

M1:3 镈钟侧鼓边

M1:3 镈钟舞面

M1:3 镈钟舞面

M1:3 镈钟正鼓面

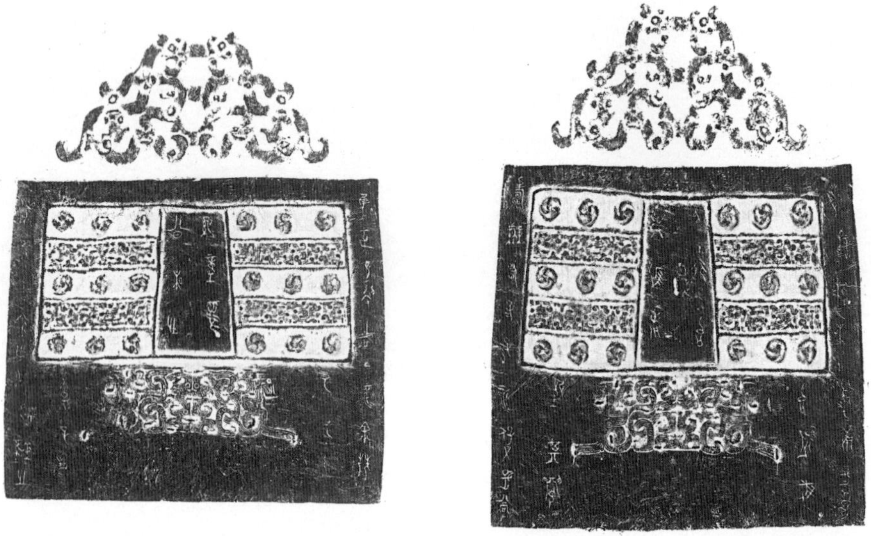

M1:4 镈钟

M1:4 镈钟舞面

M1:4 镈钟正鼓面

M1:4 镈钟侧鼓边

M1:5 镈钟

M1:5 镈钟舞面

M1:5 镈钟正鼓面

M1:5 镈钟侧鼓边

M1:5 镈钟侧鼓边

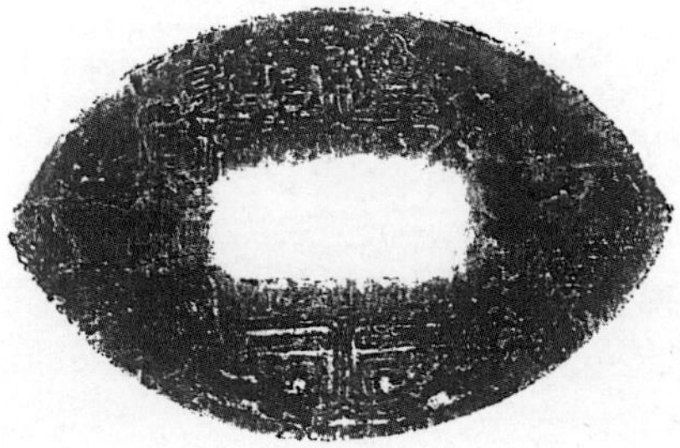

舞面

M1:5 钮钟

舞面

M1:6 钮钟

舞面

M1:8 钮钟

第五节 卞庄一号墓出土编磬形制与科学测音

一、编磬简介

图 4-19 卞庄一号墓出土编磬全照

（一）M1:1 形制

表 4-19　M1:1 形制数据

单位：厘米

标本	长弧边	长斜边	短斜边	大头宽	小头宽	厚	孔径	备注
M1:1	37.20	26.80	18.60	8.40	7.60	2.00～2.40	1.40	残断,能复原

图 4-20　M1:1 石磬

（二）M1:2 形制

表 4-20　M1:2 形制数据

单位：厘米

标本	厚	其他	备注
M1:2	2.00	无	残断

图 4-21　M1:2 石磬

（三）M1:3 形制

表 4-21 M1:3 形制数据

单位：厘米

标本	长弧边	长斜边	短斜边	大头宽	小头宽	厚	孔径	备注
M1:3	27.20	19.60	14.00	7.20	6.40	1.30 ~ 1.70	1.40	

图 4-22 M1:3 石磬

（四）M1:4 形制

表 4-22 M1:4 形制数据

单位：厘米

标本	长弧边	长斜边	短斜边	大头宽	小头宽	厚	孔径	备注
M1:4	26.40	18.80	13.20	7.20	6.00	0.90 ~ 1.60	1.40	

图 4-23 M1:4 石磬

（五）M1:5 形制

表 4-23 M1:5 形制数据

单位：厘米

标本	长弧边	长斜边	短斜边	大头宽	小头宽	厚	孔径	备注
M1:5	23.20	16.40	12.00	6.40	5.20	1.60	1.40	残断,能复原

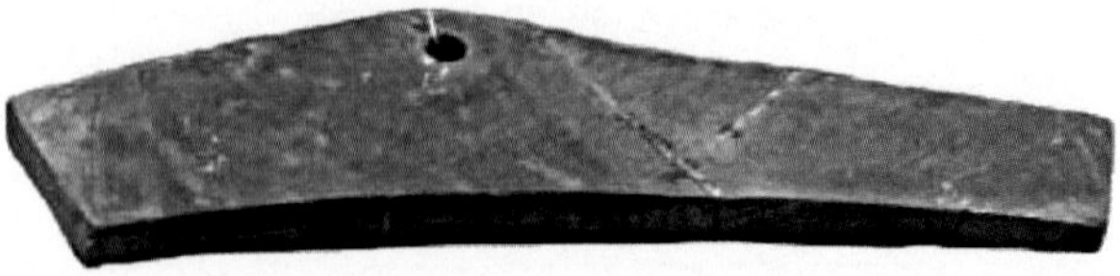

图 4-24　M1:5 石磬

（六）M1:6 形制

表 4-24　M1:6 形制数据

单位：厘米

标本	长弧边	长斜边	短斜边	大头宽	小头宽	厚	孔径	备注
M1:6	21.60	15.20	11.20	4.80	3.60	1.50～1.70	1.60	残断,能复原

图 4-25　M1:6 石磬

（七）M1:7 形制

表 4-25　M1:7 形制数据

单位：厘米

标本	长弧边	长斜边	短斜边	大头宽	小头宽	厚	孔径	备注
M1:7	17.60	12.80	9.20	5.60	4.60	1.00	1.40	残断,能复原

图 4-26　M1:7 石磬

（八）M1:8 形制

表 4-26　M1:8 形制数据

单位：厘米

标本	长弧边	长斜边	短斜边	大头宽	小头宽	厚	孔径	备注
M1:8	16.40	12.00	8.80	5.20	4.00	0.50～1.30	1.40	残断，能复原

图 4-27　M1:8 石磬

（九）M1:9 形制

表 4-27　M1:9 形制数据

单位：厘米

标本	长弧边	长斜边	短斜边	大头宽	小头宽	厚	孔径	备注
M1:9	15.20	10.80	8.00	5.20	4.40	1.50	1.20	残断，能复原

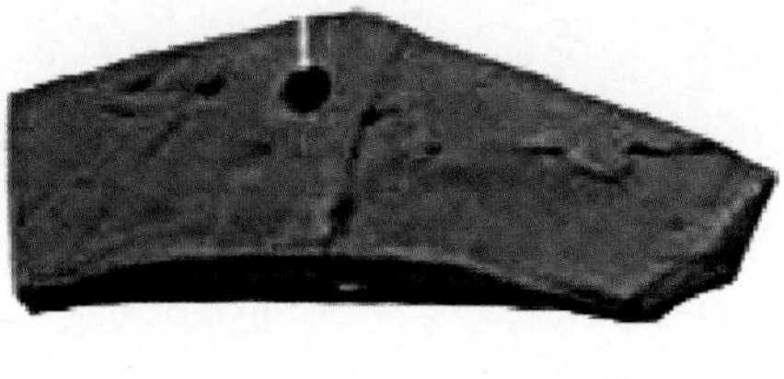

图 4-28　M1:9 石磬

二、测量与测音数据汇总

（一）形制数据总表

测量时间：2011 年 11 月 14 日

测量地点：安徽省博物馆

测量人员：杨和平、李敬民、李清

表 4-28　卞庄一号墓出土编磬形制数据汇总

单位：厘米

标本	长弧边	长斜边	短斜边	大头宽	小头宽	厚	孔径
M1:1	37.20	26.80	18.60	8.40	7.60	2.00～2.40	1.40
M1:2						2.00	
M1:3	27.20	19.60	14.00	7.20	6.40	1.30～1.70	1.40
M1:4	26.40	18.80	13.20	7.20	6.00	0.90～1.60	1.40
M1:5	23.20	16.40	12.00	6.40	5.20	1.60	1.40
M1:6	21.60	15.20	11.20	4.80	3.60	1.50～1.70	1.60
M1:7	17.60	12.80	9.20	5.60	4.60	1.00	1.40
M1:8	16.40	12.00	8.80	5.20	4.00	0.50～1.30	1.40
M1:9	15.20	10.80	8.00	5.20	4.40	1.50	1.20

（二）测音情况

该墓出土石磬共计9件，有的完整，有的残损，形制相同，薄厚不均，大小依次递减。石磬全为灰色石料，分深灰和浅灰两种，触之有粉末，有的中间夹杂白色石筋。磬体扁平，上部起脊，脊中有圆形索孔，下端显弧型，两端边平齐。该套石磬制作工艺不高，形制外观不够精美甚至略显粗糙，远不及墓主人父亲即蚌埠双墩一号墓主人钟离国国君“柏”墓葬中出土的龙首形制石磬。制作该套石磬的石料密度较小，硬度不够，故敲击磬面时，发音浑浊。整套石磬有一定的音律组合，但无完整的音节关系。

第六节　小　结

凤阳卞庄一号墓金石乐器出土后不久，经凤阳县文史馆被借展到安徽省博物馆。2011年11月14日，应凤阳县文史馆和卞庄一号春秋墓考古发掘队队长阚绪杭先生邀请，杨和平、李敬民、李清三位学者在安徽省博物馆对该墓出土的两套青铜编钟和9件石磬（含残件）进行了较为详尽的鉴定工作。

一、关于编镈钟的研究

镈钟共计5件，除钟体均锈蚀较重外，保存基本完好。形制相同，大小依次顺减。形制为椭圆筒形，平口，钟体的正背面纹饰相同。镂空的钮上窄下宽呈梯形状，钮分两组并铸，每组四条龙相互缠绕，龙身饰回形三角几何纹。钲部呈梯形状，上窄下宽，以凸弦绳纹为界分左右两区，每区又分5个小区。

统看5件镈钟的发音，除1号钟由于鼓部断裂和锈蚀严重而失音外，其余4件钟正鼓部发音良好，音高准确，音列完整。侧鼓部无敲击点痕迹，发音也无一定的音律组合，不在调式和使用之列。表明这是一套一钟一音的编镈钟。

二、关于编钮钟的研究

钮钟共计9件，除钟体锈蚀均较重外，保存基本完好。形制相同，大小依次递减。形制为椭圆筒形，于口弧型，铣凸出，钟体的正背两面纹饰相同。扁方型桥钮，饰回形三角几何纹。钲部呈梯形状，上窄下宽，以凸弦绳纹为界分左右两区，每区又分5个小区，其中篆部两个小区饰蟠螭纹，另外枚部三个小区内分饰三个圆凸型的枚，枚顶饰三个蟠虺旋纹。舞部饰蟠螭纹，鼓部饰蟠螭纹组合成的变形兽纹。

这套编钮钟同样为实用器，每件的于口内均有薄厚不均的内唇，调音手法有规律，调音痕迹明显。这次对该套编钮钟的测音也是其出土后的首次测音。

统看9件钮钟的发音，正鼓部发音良好，音高准确，音列完整，构成完整音节。每件钮钟的侧鼓部均有明显的敲击点痕迹，除1号和9号钟的侧鼓部所发之音与正鼓音相同外，2、3、4、5、6、7、8号钟的侧鼓部均能发出比正鼓音大3度或小3度的音响，正鼓音和侧鼓音一样也均在调式和使用之列。表明这是一套一钟一音和一钟双音并存的编钮钟。

三、关于编磬的研究

该墓出土石磬共计9件，有的完整，有的残损，形制相同，薄厚不均，大小依次递减。石磬全为灰色石料，分深灰和浅灰两种，触之有粉末，有的中间夹杂白色石筋。磬体扁平，上部起脊，脊中有圆形索孔，下端显弧型，两端边平齐。该套石磬制作工艺不高，形制外观不够精美甚至略显粗糙，远不及墓主人父亲即蚌埠双墩一号墓主人钟离国国君“柏”墓葬中出土的龙首形制石磬。制作该套石磬的石料密度较小，硬度不够，故敲击磬面时，发音浑浊。整套石磬有一定的音律组合，但无完整的音节关系。

第五章

双墩一号墓出土钟磬乐器形制与科学测音

第一节　双墩一号墓简述

蚌埠双墩一号春秋墓即钟离国国君墓,位于安徽省蚌埠市淮上区小蚌埠镇双墩村,经纬度位置为东经 32°59′4.18″、北纬 117°19′10.38″。2006 年因受损无法继续进行原状保护,经国家和安徽省文物主管部门批准,于当年12 月由安徽省文物考古研究所启动了抢救性发掘工作。历经 19 个月的精心发掘,经考古工作者判定,该墓主人是一位名叫柏的钟离国国君。

据史料记载和专家考证:"钟离国地处淮河中游,地理位置十分重要,曾先后为吴楚的附庸,一直是吴楚争霸江淮的重点争夺对象,最后在大国兼并战争中消亡。"①该墓的具体年代,文献和铭文都证明为春秋中晚期,墓葬出土的器物组合和形制同样具有比较典型的春秋时期特征。最近有一件采自墓坑中的木炭标本,经中国社会科学院考古研究所实验室测定为距今 2790 ±45 年②。墓葬发掘中发现了许多轰动考古界的文化现象和建筑遗存,其中在墓葬南椁室器物箱出土了 9 件一套的青铜编钮钟和 12 件一套的龙首石磬。

---

① 阚绪杭、周群、钱仁发《安徽蚌埠一号春秋墓葬》,《考古》,2009 年第 7 期。

② 见安徽省文物考古研究所、蚌埠市博物馆《安徽蚌埠双墩一号春秋墓发掘简报》,《文物》,2010 年第 3 期。

第二节　双墩一号墓出土编钮钟形制与科学测音

一、编钮钟简介

图 5-1　双墩一号墓出土编钮钟全照

（一）M1:1 形制与测音

表 5-1　M1:1 形制与测音数据

单位:厘米、千克

标本	通高	钮高	钮宽	舞横	舞纵	中高	铣长	铣间	鼓间	壁厚	重量
M1:1	26.00	4.40	3.90	15.20	11.20	21.90	22.10	18.00	13.60	0.85~0.95	3.80
正鼓音		音分值		#G4 +47							
		频率		426.93Hz							
测音情况		侧鼓音同正鼓音									

M1:1 钮钟

M1:1 钮钟正鼓部铭文

M1:1 钮钟舞面

M1:1 镈

M1:1 镈口部

图 5-2

（二）M1:2 形制与测音

表 5-2　M1:2 形制与测音数据

单位:厘米、千克

标本	通高	钮高	钮宽	舞横	舞纵	中高	铣长	铣间	鼓间	壁厚	重量
M1:2	25.00	4.50	3.90	1.40	10.80	21.00	20.90	16.40	13.10	0.70～1.10	3.10
正鼓音		音分值		#A4-4							
		频率		465.27Hz							
测音情况		侧鼓音同正鼓音									

M1:2 钮钟

M1:2 钮钟口部

图 5-3

（三）M1:3 形制与测音

表 5-3 M1:3 形制与测音数据

单位:厘米、千克

标本	通高	钮高	钮宽	舞横	舞纵	中高	铣长	铣间	鼓间	壁厚	重量
M1:3	24.00	4.10	3.70	12.60	9.70	19.90	20.50	15.50	12.00	1.00~1.40	3.20
正鼓音	音分值	#C5 +50									
	频率	570.64Hz									
测音情况	有唇,侧鼓音同正鼓音										

M1:3 钮钟

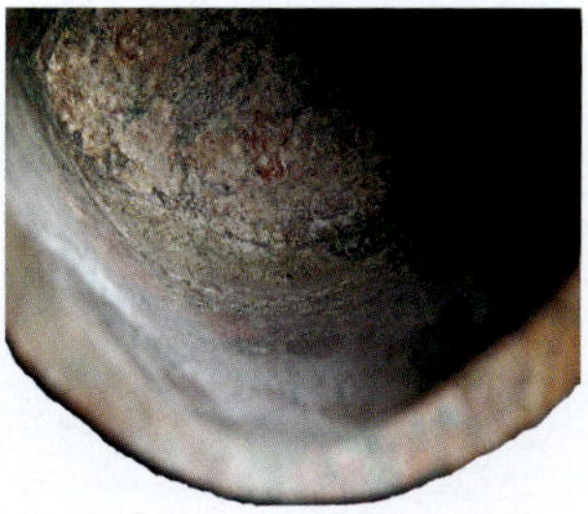

M1:3 钮钟口部

图 5-4

（四）M1:4 形制与测音

表 5-4 M1:4 形制与测音数据

单位:厘米、千克

标本	通高	钮高	钮宽	舞横	舞纵	中高	铣长	铣间	鼓间	壁厚	重量
M1:4	22.30	4.20	3.75	12.00	9.60	17.80	18.20	14.70	11.10	0.70~1.20	2.70
正鼓音		音分值		#D5+29							
		频率		632.93Hz							
测音情况		侧鼓音同正鼓音									

M1:4 钮钟

图 5-5

（五）M1:5 形制与测音

表 5-5 M1:5 形制与测音数据

单位:厘米、千克

标本	通高	钮高	钮宽	舞横	舞纵	中高	铣长	铣间	鼓间	壁厚	重量
M1:5	21.30	3.70	3.30	11.60	8.70	17.30	17.50	17.50	10.30	0.60~1.00	2.32
正鼓音		音分值		F5+3							
		频率		699.84Hz							
测音情况		有唇,有调音痕									

M1:5 钮钟

M1:5 钮钟口部

图 5-6

(六) M1:6 形制与测音

表 5-6 M1:6 形制与测音数据

单位:厘米、千克

标本	通高	钮高	钮宽	舞横	舞纵	中高	铣长	铣间	鼓间	壁厚	重量
M1:6	19.70	3.30	3.00	10.10	7.60	16.00	16.20	12.10	9.40	0.60~1.00	1.90
正鼓音	音分值	B5+3									
	频率	989.65Hz									
测音情况	有调音痕										

M1:6 钮钟

图 5-7

（七）M1:7 形制与测音

表 5-7　M1:7 形制与测音数据

单位:厘米、千克

标本	通高	钮高	钮宽	舞横	舞纵	中高	铣长	铣间	鼓间	壁厚	重量
M1:7	18.00	3.30	3.00	9.35	7.90	14.80	15.00	11.40	8.90	0.90~1.40	1.70
正鼓音	音分值	E6-10									
	频率	1311.42Hz									
侧鼓音	音分值	G6-14									
	频率	1555.80Hz									
测音情况	有唇,有调音痕										

M1:7 钮钟

M1:7 钮钟口部

图 5-8

（八）M1:8 形制与测音

表 5-8　M1:8 形制与测音数据

单位:厘米、千克

标本	通高	钮高	钮宽	舞横	舞纵	中高	铣长	铣间	鼓间	壁厚	重量
M1:8	17.20	3.10	2.90	9.00	6.60	13.70	13.85	10.50	7.70	0.80～0.90	1.30
正鼓音	音分值	F6-22									
	频率	1379.95Hz									
侧鼓音	音分值	G6 +36									
	频率										
测音情况	有唇,有调音痕										

M1:8 钮钟

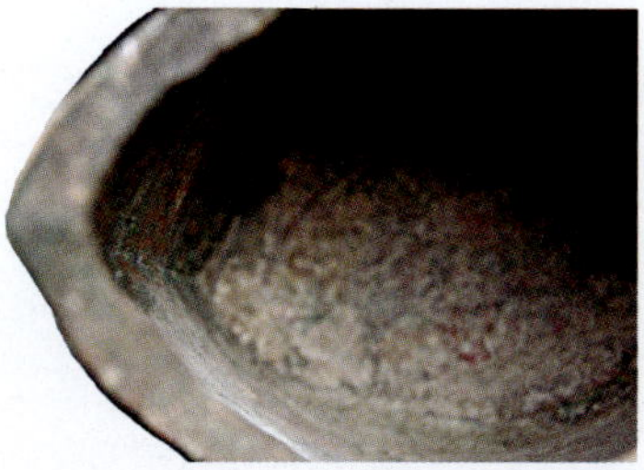

M1:8 钮钟口部

图 5-9

（九）M1:9 形制与测音

表 5-9　M1:9 形制与测音数据

单位：厘米、千克

标本	通高	钮高	钮宽	舞横	舞纵	中高	铣长	铣间	鼓间	壁厚	重量
M1:9	15.70	3.20	2.80	8.20	6.20	12.30	12.20	9.70	7.30	1.20～1.30	1.00
正鼓音		音分值	A6+4								
		频率	1764.72Hz								
侧鼓音		音分值	B6+27								
		频率	2007.24Hz								
测音情况		有唇，有调音痕									

M1:9 钮钟

图 5-10

二、测量与测音数据汇表

（一）形制数据总表

测量时间：2011 年 11 月 12 日

测量地点：蚌埠市博物馆

测量人员：方建军、杨和平、李敬民、李清

表 5-10　双墩一号墓出土编钮钟形制数据汇总

单位：厘米、千克

标本	通高	钮高	钮宽	舞横	舞纵	中高	铣长	铣间	鼓间	壁厚	重量
M1:1	26.00	4.40	3.90	15.20	11.20	21.90	22.10	18.00	13.60	0.85～0.95	3.80
M1:2	25.00	4.50	3.90	1.40	10.80	21.00	20.90	16.40	13.10	0.70～1.10	3.10
M1:3	24.00	4.10	3.70	12.60	9.70	19.90	20.50	15.50	12.00	1.00～1.40	3.20
M1:4	22.30	4.20	3.75	12.00	9.60	17.80	18.20	14.70	11.10	0.70～1.20	2.70
M1:5	21.30	3.70	3.30	11.60	8.70	17.30	17.50	17.50	10.30	0.60～1.00	2.32
M1:6	19.70	3.30	3.00	10.10	7.60	16.00	16.20	12.10	9.40	0.60～1.00	1.90
M1:7	18.00	3.30	3.00	9.35	7.90	14.80	15.00	11.40	8.90	0.90～1.40	1.70
M1:8	17.20	3.10	2.90	9.00	6.60	13.70	13.85	10.50	7.70	0.80～0.90	1.30
M1:9	15.70	3.20	2.80	8.20	6.20	12.30	12.20	9.70	7.30	1.20～1.30	1.00

（二）测音数据总表

测音时间：2011 年 11 月 12 日

测音地点：蚌埠市博物馆

音叉发音：A4 +32/448.31Hz

测音人员：方建军、杨和平、李敬民、李清

机　　测：方建军

表 5-11　双墩一号墓出土编钮钟测音数据汇总

编次	标本号	正鼓音		侧鼓音		备注
		音分值	频率	音分值	频率	
1	M1:1	#G4 +47	426.93Hz			侧鼓音同正鼓音
2	M1:2	#A4-4	465.27Hz			同上
3	M1:3	#C5 +50	570.64Hz			有唇，侧鼓音同正鼓音
4	M1:4	#D5 +29	632.93Hz			侧鼓音同正鼓音
5	M1:5	F5 +3	699.84Hz			有唇，有调音痕
6	M1:6	B5 +3	989.65Hz			有调音痕
7	M1:7	E6-10	1311.42Hz	G6-14	1555.80Hz	有唇，有调音痕
8	M1:8	F6-22	1379.95Hz	G6 +36		同上
9	M1:9	A6 +4	1764.72Hz	B6 +27	2007.24	同上

第三节 双墩一号墓出土编钮钟拓片

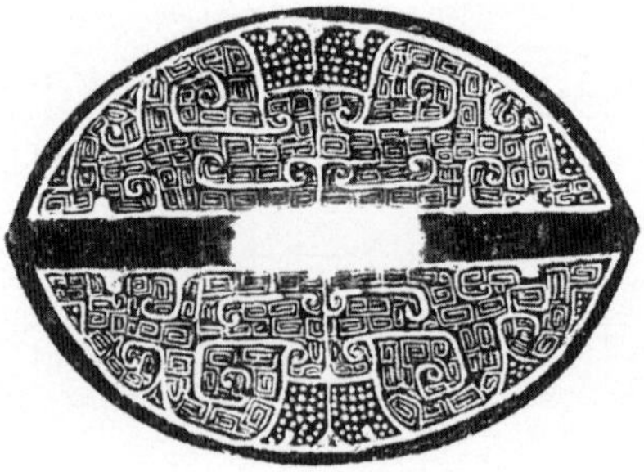

M1:1 钮钟舞面

M1:1 钮钟正鼓部

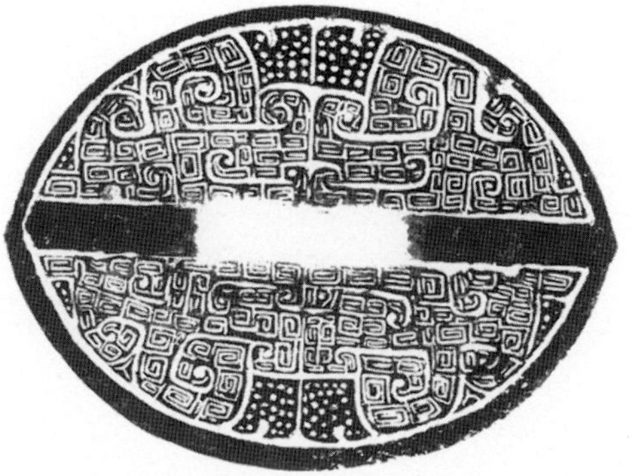

M1:2 钮钟舞面

M1:2 钮钟正鼓部

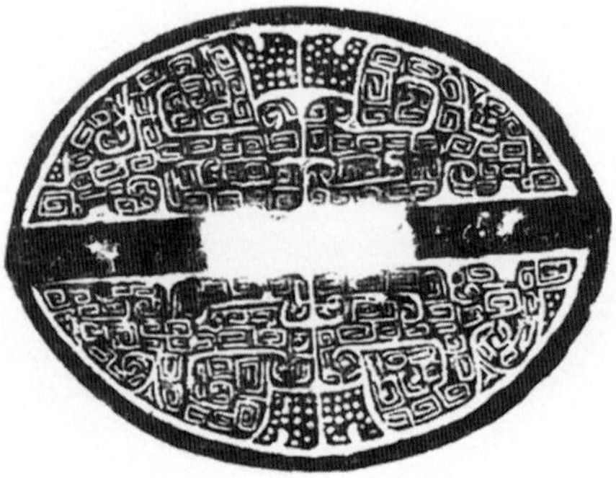

M1:3 钮钟舞面

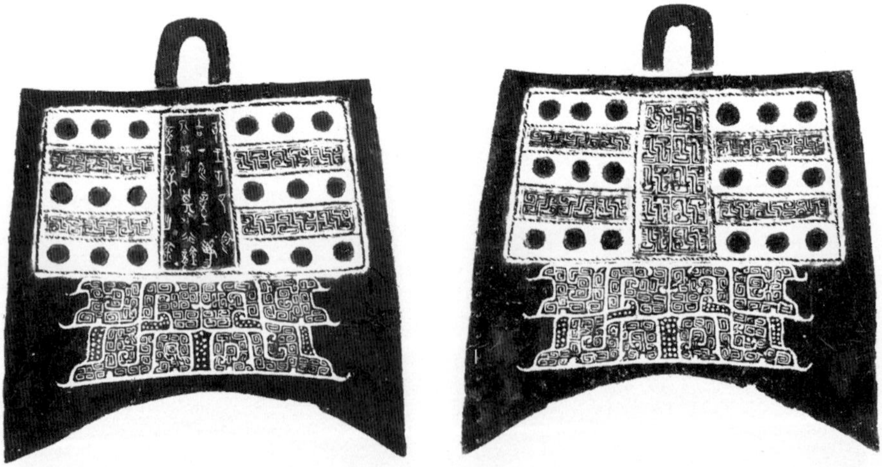

M1:3 钮钟正鼓部

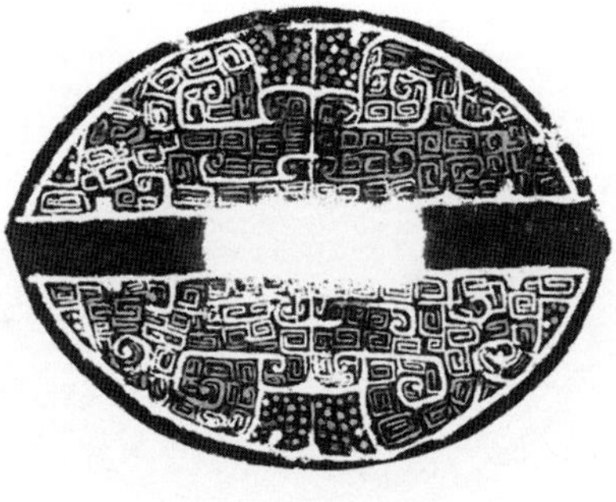

M1:4 钮钟舞面

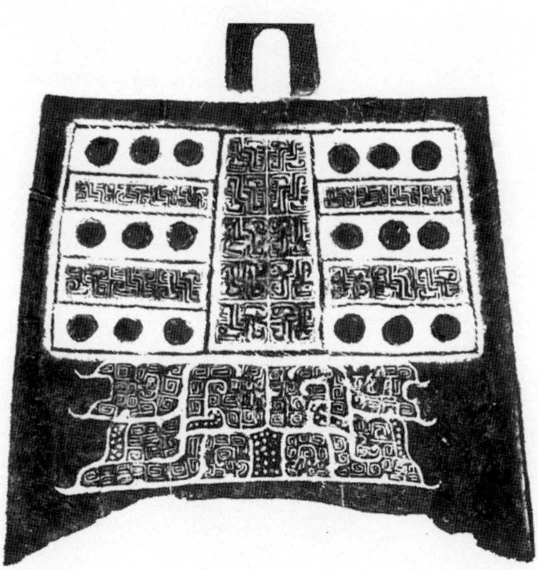

M1:4 钮钟正鼓部

M1:5 钮钟舞面

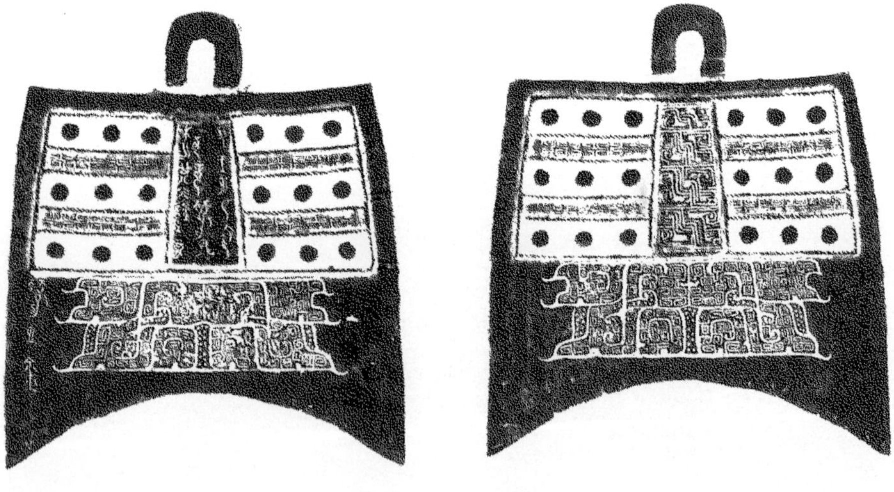

M1:5 钮钟正鼓部

M1:6 钮钟舞面

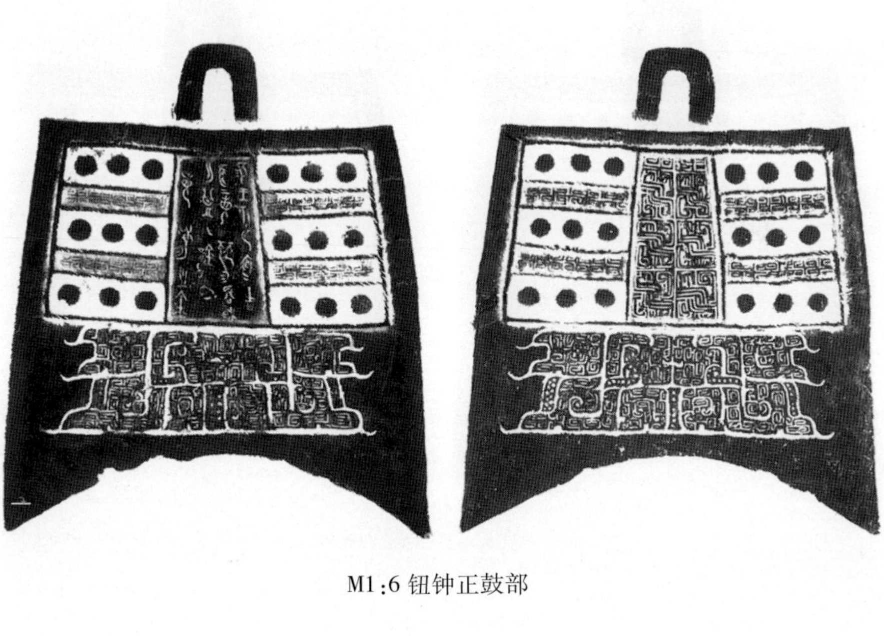

M1:6 钮钟正鼓部

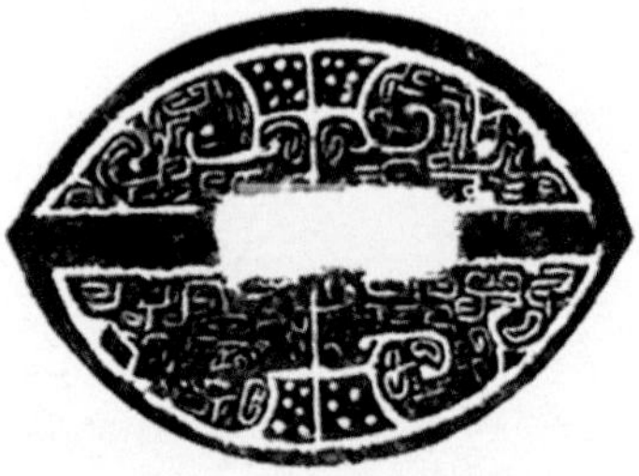

M1:7 钮钟舞面

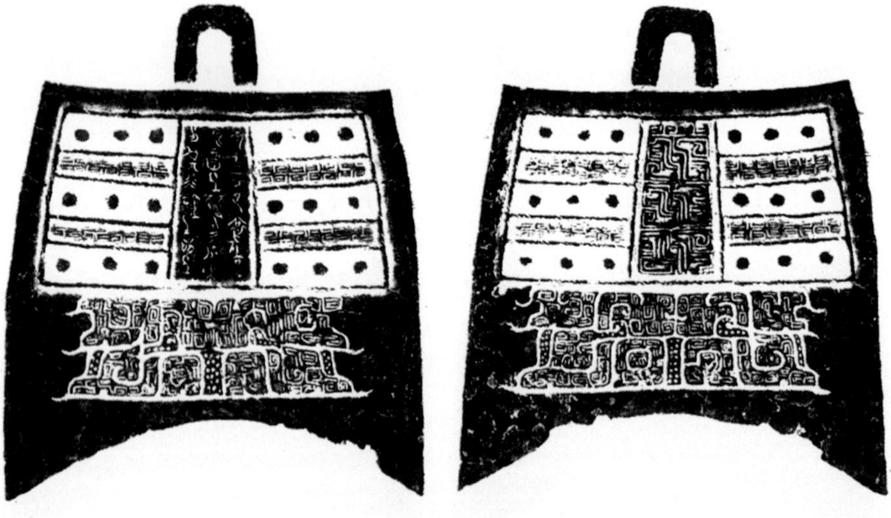

M1:7 钮钟正鼓部

M1:8 钮钟舞面

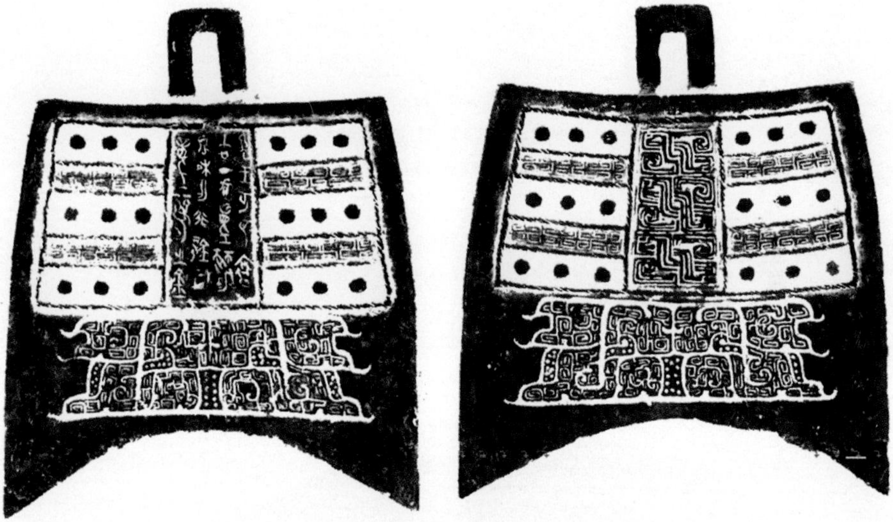

M1:8 钮钟正鼓部

第四节 双墩一号墓出土编磬形制与科学测音

一、编磬简介

图 5-11 双墩一号墓出土编磬全照

（一）M1:1 形制

表 5-12 M1:1 形制数据

单位：厘米、千克

标本	通长	通高	股上边	股下边	鼓上边	鼓下边	弧高	股上角	股下角	鼓上角	鼓下角	倨句	厚度	重量
M1:1	43.50	11.10	19.00	17.00	26.50	23.00	3.00	90	100	90	95	160	2.70~2.90	2.53

M1:1 石磬

图 5-12

（二）M1:2 形制

表 5-13　M1:2 形制数据

单位：厘米、千克

标本	通长	通高	股上边	股下边	鼓上边	鼓下边	弧高	股上角	股下角	鼓上角	鼓下角	倨句	厚度	重量
M1:2	48.20	13.20	21.00	20.00	29.50	25.80	2.40	90	100	90	91	150	2.30～2.70	3.23

M1:2 石磬

图 5-13

（三）M1:3 形制

表 5-14　M1:3 形制数据

单位：厘米、千克

标本	通长	通高	股上边	股下边	鼓上边	鼓下边	弧高	股上角	股下角	鼓上角	鼓下角	倨句	厚度	重量
M1:3	53.00	12.60	23.00	21.50	32.50	26.80	3.00	90	90	88	100	155	2.70～2.80	3.78

M1:3 石磬

图 5-14

（四）M1∶4 形制

表 5-15　M1∶4 形制数据

单位：厘米、千克

标本	通长	通高	股上边	股下边	鼓上边	鼓下边	弧高	股上角	股下角	鼓上角	鼓下角	倨句	厚度	重量
M1∶4	25.40	7.70	10.00	8.50	16.00	13.00	1.50	90	98	90	90	160	2.20～2.50	1.00

M1∶4 石磬

图 5-15

（五）M1∶5 形制

表 5-16　M1∶5 形制数据

单位：厘米、千克

标本	通长	通高	股上边	股下边	鼓上边	鼓下边	弧高	股上角	股下角	鼓上角	鼓下角	倨句	厚度	重量
M1∶5	28.20	8.50	11.00	9.00	18.00	16.00	1.80	90	100	90	93	150	2.35～2.40	1.15

M1∶5 石磬

图 5-16

（六）M1:6 形制

表 5-17 M1:6 形制数据

单位：厘米、千克

标本	通长	通高	股上边	股下边	鼓上边	鼓下边	弧高	股上角	股下角	鼓上角	鼓下角	倨句	厚度	重量
M1:6	35.50	10.00	15.00	13.00	22.30	19.80	2.20	100	100	100	100	160	2.20~2.55	1.65

M1:6 石磬

图 5-17

（七）M1:7 形制

表 5-18 M1:7 形制数据

单位：厘米、千克

标本	通长	通高	股上边	股下边	鼓上边	鼓下边	弧高	股上角	股下角	鼓上角	鼓下角	倨句	厚度	重量
M1:7	28.80	8.50	12.50	11.00	17.20	16.20	2.00	90	100	90	93	150	2.35~2.40	1.16

M1:7 石磬

图 5-18

（八）M1:8 形制

表 5-19　M1:8 形制数据

单位：厘米、千克

标本	通长	通高	股上边	股下边	鼓上边	鼓下边	弧高	股上角	股下角	鼓上角	鼓下角	倨句	厚度	重量
M1:8	31.40	9.00	13.00	11.00	19.50	17.10	1.50	97	100	100	100	152	2.35～2.40	1.34

M1:8 石磬

图 5-19

（九）M1:9 形制

表 5-20　M1:9 形制数据

单位：厘米、千克

标本	通长	通高	股上边	股下边	鼓上边	鼓下边	弧高	股上角	股下角	鼓上角	鼓下角	倨句	厚度	重量
M1:9	34.80	9.30	15.80	13.40	21.10	18.20	1.60	90	100	92	100	150	2.40～2.50	1.51

M1:9 石磬

图 5-20

（十）M1∶10 形制

表 5-21　M1∶10 形制数据

单位：厘米、千克

标本	通长	通高	股上边	股下边	鼓上边	鼓下边	弧高	股上角	股下角	鼓上角	鼓下角	倨句	厚度	重量
M1∶10	46.00	12.80	19.00	17.00	28.50	23.00	2.40	88	90	86	115	150	2.90～3.00	3.35

M1∶10 石磬

图 5-21

（十一）M1∶11 形制

表 5-22　M1∶11 形制数据

单位：厘米、千克

标本	通长	通高	股上边	股下边	鼓上边	鼓下边	弧高	股上角	股下角	鼓上角	鼓下角	倨句	厚度	重量
M1∶11	53.40	14.50	22.00	18.00	33.50	30.00	3.00	90	92	89	100	152	2.50～2.80	3.76

M1∶11 石磬

图 5-22

（十二）M1:12 形制

表 5-23　M1:12 形制数据

单位：厘米、千克

标本	通长	通高	股上边	股下边	鼓上边	鼓下边	弧高	股上角	股下角	鼓上角	鼓下角	倨句	厚度	重量
M1:12	59.20	15.20	23.80	20.50	38.30	33.00	3.90	100	100	90	102	157	2.50～2.70	4.52

M1:12 石磬

图 5-23

二、测量与测音数据汇总

（一）形制数据总表

测量时间:2011 年 11 月 12 日

测量地点:蚌埠市博物馆

测量人员:方建军、杨和平、李敬民、李清

表 5-24　双墩一号墓出土编磬形制数据汇总

单位：厘米、千克

标本	通长	通高	股上边	股下边	鼓上边	鼓下边	弧高	股上角	股下角	鼓上角	鼓下角	倨句	厚度	重量
M1:1	43.50	11.10	19.00	17.00	26.50	23.00	3.00	90	100	90	95	160	2.70～2.90	2.53
M1:2	48.20	13.20	21.00	20.00	29.50	25.80	2.40	90	100	90	91	150	2.30～2.70	3.23
M1:3	53.00	12.60	23.00	21.50	32.50	26.80	3.00	90	90	88	100	155	2.70～2.80	3.78
M1:4	25.40	7.70	10.00	8.50	16.00	13.00	1.50	90	98	90	90	160	2.20～2.50	1.00
M1:5	28.20	8.50	11.00	9.00	18.00	16.00	1.80	90	100	90	93	150	2.35～2.40	1.15
M1:6	35.50	10.00	15.00	13.00	22.30	19.80	2.20	100	100	100	100	160	2.20～2.55	1.65

续表

标本	通长	通高	股上边	股下边	鼓上边	鼓下边	弧高	股上角	股下角	鼓上角	鼓下角	倨句	厚度	重量
M1:7	28.80	8.50	12.50	11.00	17.20	16.20	2.00	90	100	90	93	150	2.35~2.40	1.16
M1:8	31.40	9.00	13.00	11.00	19.50	17.10	1.50	97	100	100	100	152	2.35~2.40	1.34
M1:9	34.80	9.30	15.80	13.40	21.10	18.20	1.60	90	100	92	100	150	2.40~2.50	1.51
M1:10	46.00	12.80	19.00	17.00	28.50	23.00	2.40	88	90	86	115	150	2.90~3.00	3.35
M1:11	53.40	14.50	22.00	18.00	33.50	30.00	3.00	90	92	89	100	152	2.50~2.80	3.76
M1:12	59.20	15.20	23.80	20.50	38.30	33.00	3.90	100	100	90	102	157	2.50~2.70	4.52

（二）测音情况

通过测试，12件石磬的发音绝大部分不够精准，有几件石磬磬身已断裂，无法对其测试。从形态看，整套编磬的调音痕迹异常明显，这说明该套石磬是精心制作的实用乐器，只是因为所用石材均为石灰岩，极易被侵蚀，加上年久与复杂不利的土壤环境，石磬受损严重，使得其音响效果大不如从前了。可以说，整套石磬有一定的音律组合，但已无完整的音阶关系。

第五节 小 结

2011年11月12日，应蚌埠博物馆和双墩一号春秋墓考古发掘队队长阚绪杭先生邀请，方建军、杨和平、李敬民、李清四位学者在蚌埠博物馆对双墩一号墓出土的青铜编钮钟和龙首石磬进行了较为详尽的鉴定工作。

一、关于编钟的研究

这套编钟共计9件，出土时完好，体表锈蚀较重，现已除锈变得光亮如新。钟的体表局部有淡淡的绿锈覆盖，铜胎质地很好，铸工精良。大部分钟的于口有唇、局部有细窄的铸疣，纹饰细密华丽，每件编钟正面正部均有相同的铭文："唯王正月初吉丁亥，童离（钟离）君柏作其行钟。童丽之金。"钟的背面正部、舞部、篆部、鼓部均有纹饰，枚和钮为素面。每件钟的腔体均为合瓦形，短阔而较圆，钟壁较厚。鼓部与钲部、于口弧曲，两铣呈现明显的弧曲；舞部、于口皆内敛，腔体中部凸起，使编钟的体腔显得更为浑圆。

同为春秋中晚期的安徽寿县蔡侯墓出土的众多青铜编钟里，也有一套编钮钟，通看这套编钟，与蚌埠双墩一号春秋大墓出土的编钮钟相比，在形制大小、纹饰图案上有很多相似之处。如蔡侯墓编钮钟1号钟通高28.6厘米，仅略高于双墩一号春秋大墓编钮钟 1 号钟 2.6 厘米。两套编钮钟均为长方单钮，钲部饰多排螺状枚，舞、篆和鼓部均饰蟠螭纹，纽饰三角纹组成的连续纹样（由于蔡侯墓出土的青铜编钟还无专家对其测音，故从发音上还无法进行对比）。

统看 9 件钮钟的正鼓部发音良好，音高准确，音列完整；除 M1:7 和 M1:9两钟的正鼓部和侧鼓部能发出 2 度和 3 度的双音外（笔者推断 M1:7 和 M1:9 两件钟在制作中侧鼓部的音高可能是偶然获得，并非刻意为之），其他各钟的侧鼓部音高均同于正鼓部，侧鼓部也无敲击点痕迹，编钟的侧鼓面所发之音不在调式和使用之列，表明这是一套一钟一音的编纽钟。

二、关于石磬的研究

这套编磬所用石料均属石灰岩，石料的密度、成色等重要特征也有明显差别，有的石磬表面被风化侵蚀呈灰白色，质地细腻均匀，密度较高，比较容易打磨。制作这套龙首石磬的石料从音响效果看均不是制作石磬的上乘材料，即使敲击保存较完好的石磬，所发出的声音也是混、杂音较多，泛音列很少，石料微层层理的结构特别明显。这种石头在发育形成时极易形成薄板形态，密度较低，内部质地不均匀，很容易产生杂音，也间接说明由于优质石料源不足，当时的工匠在制作石磬时作出了迫不得已的选择。

通看这套编磬的形态，表面比较平整光滑，无论是在平面还是立体的几何构图上，线条轮廓近乎完美，倨孔的形态比较规则，说明当时的工匠在器物成形、作孔、打磨等方面具有高超技艺。

通过测试，12 件石磬的发音不够精准，有几件石磬磬身已断裂，无法对其测试，整套石磬有一定的音律组合，但已无完整的音阶关系。

第六章

出土钟离国钟磬乐器的价值追问

第一节 出土钟离国钟磬乐器的音乐学价值

一、关于编钟的音乐学价值

蚌埠双墩一号墓出土的 9 件一套的编钮钟，素钮，舞饰云纹，篆饰纠结的蟠虺纹，钲篆四边以阳线陶纹为界，鼓部以云纹组成夔纹，左右两边各有三个夔头。钟体内壁有微隆起的音脊，钟口有磨锉形成的波状起伏，属于李纯一先生命名的"波式"调音结构。这种调音法为春秋中晚期编钟所常见，其时代特征是比较明显的。编钮钟的钲间均有相同铭文："唯王正月初吉丁亥，童离（钟离）君柏作其行钟。童离之金。"

作器者为钟离国国君"柏"，故可称为"钟离柏钟"。其命名"行钟"，意为用于外出随行。钟离柏钟鼓部纹饰独特，在先秦编钟里较为少见。适合与钟离柏钟比较的编钟，是吴国的者减钟和邾国的邾公牼钟。这两例编钟虽均为甬钟，但鼓部纹饰与钟离柏钟十分相似，其特点同样是以云纹组成大形的顾夔纹，纹饰几乎占满鼓部。吴国、邾国和钟离国一样处于春秋中晚期，又是南北近邻，在制造编钟上产生相互影响是有可能的。

双墩一号墓钟离柏钟保存状况较好，可以通过测试来探索其音阶构成。具体测音数据详见第五章。

这套编钮钟的正鼓部发音良好，可以构成具有羽调式倾向的五声音阶，宫音处于$^{\#}$C 位置：徵—羽—宫—商—角—羽—商—角—羽①。这样的音阶结构，在春秋时期南、北两系编钟里都比较常见，是当时 9 件组合编钟的固

① 方建军《钟离国编钟编镈研究》，《中国音乐学》，2012 年第 3 期，第 45 – 49 页。

定音阶模式。但钟离柏钟的侧鼓音则有不同的情况。这套钟的前6件侧鼓音与正鼓音完全相同，后3件虽然可以勉强奏出侧鼓音，但现场听觉并不清晰。由此可见，钟离国柏钟的侧鼓音应该不予使用。这一实例再次说明，先秦编钟并非普遍设计和使用侧鼓音。

凤阳卞庄一号墓出土的9件编钮钟，钮饰三角纹，与双墩一号墓钮钟的素钮相异。舞部和篆间饰蟠螭纹，钲篆四边以阳线陶纹为界，鼓部饰以蟠螭纹组成的顾夔纹。钟体内壁有微隆起的音脊，底视钟口呈波状起伏，其调音手法与双墩一号墓相同。卞庄一号墓还出土同铭文编镈钟5件，钮部以相互缠绕的龙形铸成，龙身饰三角纹。舞部和篆间饰蟠螭纹，钲篆四边以阳线陶纹为界，鼓部饰以蟠螭纹组成的顾夔纹。钟体内壁同样为波式调音结构。铭文位于镈体正背两面钲间、两栾及左、右侧鼓部，内容相同："惟正月初吉丁亥，余口厥于之孙、童离（钟离）公柏之季子康，择其吉金，自作和钟，之踺穆穆合合，报之季康是良，以从我师行，以乐我父兄，其眉寿无疆，子子孙孙，永保是尚。"作器者是钟离公柏之子"康"，因而可称为"钟离康镈"。

卞庄一号墓编钮钟保存状况良好，其具体测音数据详见第四章。经测音，卞庄一号墓编钮钟的正鼓音也可构成羽调式倾向的五声音阶，其宫音位置在$^{\#}$G：徵—羽—宫—商—角—羽—商—角—羽，可见这是一套完整无缺的编钟。除宫音位置不同外，其音阶结构与双墩一号墓钟离柏编钟完全相同。这套编钟的第1和第9件侧鼓音和正鼓音相同，其余各钟的正鼓音与侧鼓音多为大三度或小三度音程关系，为先秦编钟所常见，唯第4件钟正鼓音与侧鼓音倾向于小四度音程关系，属于变例。不难看出，如果这套编钟应用侧鼓音的话，便可在上列五声音阶中出现清角或变徵之声。不过，鉴于这套编钟的首尾两钟侧鼓音与正鼓音相同，尚不能判定其侧鼓音应用的程度，乃至是否确实应用侧鼓音。测音表明，钟离康编镈钟仅发正鼓音。第1件镈钟因鼓部裂而失音，后4件镈钟发音良好，可以构成如下音阶（？表示失音的钟，下同）：？—羽—宫—商—角，宫音位置在$^{\#}$G，与同墓所出编钟调音相同，二者应为合奏乐器①。

---

① 方建军《钟离国编钟编镈研究》，《中国音乐学》，2012年第3期，第45－49页。

凤阳大东关一号墓出土的编钮钟共有 8 件，钮部饰三角纹，与卞庄一号墓钮钟纹饰相同，舞部和篆间饰蟠虺纹，钲篆四边以阳线陶纹为界，鼓部饰以蟠螭纹组成的顾夔纹。钟体内壁同样为波式调音结构。

经测音，8 件编钮钟的侧鼓音只有三件发音良好，其余要么与正鼓音相同，要么发音不明显，具体测音数据详见第三章。很明显，8 件编钮钟的侧鼓音很难实用。第 1 件钟因鼓部裂而失音，其余各钟发音良好，其正鼓音构成如下音阶：？—羽—商—角—羽—商—角—羽。与上述钟离国 9 件组合的编钟音阶结构比较，可知大东关一号墓编钮钟的固有组合也应当为 9 件，音阶关系应为：徵—羽—宫—商—角—羽—商—角—羽。而大东关一号墓编钮钟的音阶现为：？—羽—□—商—角—羽—商—角—羽，所缺为 9 件组合编钮钟的第 3 件。这套钟离国编钟同样是羽调式倾向的五声音阶，只是其宫音位置在 F，与上述两套钟离编钟的宫音高度不同。

凤阳大东关一号墓另出土编镈钟 7 件，钮部以相互缠绕的龙形铸成，龙身饰三角纹。舞部和篆间饰蟠螭纹，钲篆四边以阳线陶纹为界，鼓部饰以蟠螭纹组成的顾夔纹。钟体内壁同样为波式调音结构。这套编镈钟的第 1 和第 3 件因残裂或锈蚀严重而失音，其音阶结构：？—徵—？—宫—商—角—徵，与春秋时期常见的 8 件组合编镈钟比较，可以推知这套编镈钟的固有组合也应为 8 件，目前尚缺 1 件即首镈。而 8 件组合编镈钟的音阶关系应为：宫—角—徵—羽—宫—商—角—徵，因此可大胆推测大东关一号墓当初完整编镈钟的音阶关系应是：□— ？—徵— ？—宫—商—角—徵。

现将卞庄一号墓和大东关一号墓所出土钟离国编钮钟、编镈钟的音阶关系组合，统一以五线谱的形式①表示出来：

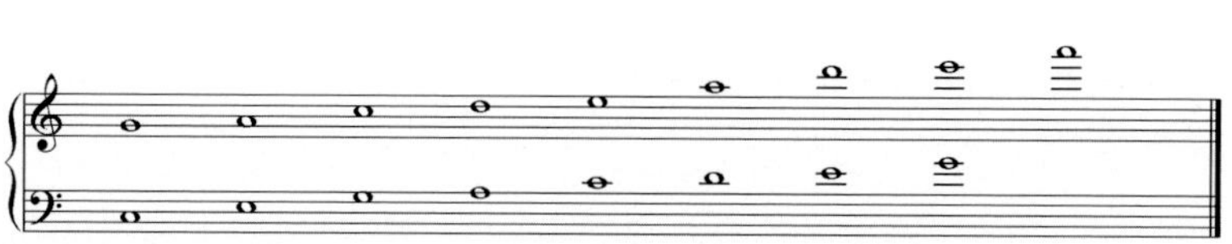

通过对钟离国三座墓葬所出编钟的初步研究，现作小结如下：

1. 三座墓葬所出钟离国编钟，在形制和纹饰上变化不大，内壁结构及

① 方建军《钟离国编钟编镈研究》，《中国音乐学》，2012 年第 3 期，第 45－49 页。

调音手法也相同,其时代应属春秋中晚期。

2. 由于大东关及卞庄两座墓葬均遭盗掘,造成编钟与编镈的组合有所缺失。经过复原研究,可知这两座墓葬的编钮钟固有组合应为9件,编镈钟应为8件,属于春秋中晚期常见的编配方式。

3. 钟离国编钟的音响测试表明,先秦编钟并非普遍使用侧鼓音。钟离国编钮钟的正鼓音可以构成羽调式倾向的五声音阶,音域一般在小字一组至小字四组之间;编镈钟为单音乐器,其音阶结构倾向于五声宫调或五声徵调式,与春秋时期10件组合编磬前8件的音阶一样。编镈钟的音域较编钮钟偏低,一般在小字一组至小字二组之间。

4. 卞庄一号墓所出土的钟离康编钮钟、编镈钟均以$^{\#}$G为宫,二者调高相同;大东关一号墓所出土编钮钟、编镈钟均以$^{\#}$F为宫,二者调高也相同。由此可见,同一墓葬所出编钮钟、编镈钟可以合奏。

5. 钟离国编钮钟、编镈钟的形制、纹饰和音阶组合,与春秋中晚期吴国、郳国、楚国、蔡国等国家的同类乐器相似、相近甚至相同,表现出当时区域范围内音乐文化的相互影响①。

二、关于编磬的音乐学价值

本书中提到的几座钟离国贵族墓葬中出土的石磬均有不同程度的破损,尤其是凤阳大东关及卞庄两座墓葬中的石磬已不齐全,只保存部分残件,不能对其修复,更无法进行测音,因此只对大东关及卞庄两墓出土的石磬作了形制数据的测量。具体测量数据详见本书第三、第四章。对比看,只有蚌埠双墩一号春秋墓出土石磬经简单修复后较为完整,现把对其所作的音乐学研究作一简单陈述。

（一）编磬所用石料、制作工艺和特征

这套编磬的石料均属石灰岩,石料的密度、成色等重要特征也有明显的差别。有的石磬表面被风化侵蚀呈灰白色,质地细腻均匀,密度较高,比较容易打磨,例如M1:5偏孔的内壁就被打磨得十分光滑;有的石磬表面呈灰黑色—深灰色、微晶—隐晶结构,呈现微层层理构造。制作这套龙首石磬的

① 方建军《钟离国编钟编镈研究》,《中国音乐学》2012年第3期,第45－49页。

石料从音响效果看均不是制作石磬的上乘材料，即使敲击保存较完好的石磬，所发出的声音也是混、杂音较多，泛音列很少，石料微层层理的结构特别明显。这种石头在发育形成时极易形成薄板形态，密度较低，内部质地不均匀，很容易产生杂音，也间接说明由于优质石料源不足，当时的工匠在制作石磬时作出了迫不得已的选择。

通看这套编磬的形态，表面比较平整光滑，无论是在平面还是立体的几何构图上，线条轮廓近乎完美，倨孔的形态比较规则，说明当时的工匠在器物成形、作孔、打磨等方面具有高超技艺。但仔细研究每件石磬，也发现不少耐人思考的问题：1）这是一套股端呈龙首形状的编磬。这一形制在目前出土石磬中极为罕见，即使在其他同为钟离国一等贵族如本墓主小儿子“康”的墓葬中出土的编磬，也没有龙首形的形制，说明很可能只有国君才有资格享用，这也向我们佐证了自古天子贵为龙的说法。2）石磬磬背边缘的形态有的呈曲线，有的呈直线，有的甚至兼而有之。石磬多种艺术风格的并存说明这套编磬出自不同工匠之手，是由一群工匠合作完成的。3）制作过程中修正现象明显，在 M1:5 上表现得十分清楚：当初倨孔的位置基本居中，后来倨孔的半径仅向鼓端一侧放大而造成倨孔的形状不规则，这可以说是制作中的一个比较大的瑕疵，说明制作技艺不够精准，很可能是工匠们首次参与制作高规格石磬。4）有的石磬为了保存龙首形制的完整而迫不得已在相反的一方作出凹槽，以及制作中的修正现象、多名工匠参与制作等，这些都不利于甚至破坏了石磬的音响效果，说明墓主人不很在乎石磬的音乐功能，重要的是向人们证明他高贵的地位和身份。

（二）石磬的调音

通过测试，12 件石磬的发音绝大部分不够精准，有几件石磬磬身已断裂无法测试。大多数石磬都有显著的调音痕迹，例如 M1:24 鼓部轮廓呈曲线转折，与其他石磬的直线转折有很大的不同。这是由于为了调音而对磬身进行打磨的结果。《考工记·磬氏》记述“已上则摩其旁，已下则摩其耑”，可能是由于该石磬制成后发觉发音偏低，本应该打磨磬身的两端，使石磬长度变短，这样就会使石磬振幅缩小，震动频率加大，石磬的发音自然提高。但工匠考虑到股端已制成了龙首形，为保持其形不能对其进行打磨，只能对磬的鼓端进行打磨以使石磬发音变高。另每件石磬上部与下部的厚度差异也是为了调音而对磬身打磨留下的痕迹。可以看出每件石磬在制成的时候,上部的厚度远大于下部的厚度,这为调音打磨提供了便利,当石磬的声音偏高时,就可以打磨磬身的两面,使磬身变薄而使得振幅变大,频率变小,让石磬的发音变低。从形态看,整套编磬的调音痕迹异常明显,这说明该套石磬是精心制作的实用乐器,整套石磬有一定的音律组合,但已无完整的音阶关系,很可能因为所用石材均为石灰岩极易被侵蚀,加上年久与复杂不利的土壤环境,石磬受损严重,使得其音响效果大不如从前了。

第二节　出土钟离国钟磬乐器的科学研究价值

我们都明白,历史的研究仅仅依靠各年代遗留的文献史籍是远远不够的,只有当考古与文物资料相互印证时,才真正有可能重新建构一个已经消失在人们视野之中的时代氛围和历史情怀,也使得历史学家和考古学家都能有章可循,有物可依,而这也正是数代文物考古者恪尽的本份和追求的目标。所有的历史研究如若不遵循历史发展的客观性和研究的科学性,其成果必将是毫无意义可言的,因此考古显得尤其重要。

对于钟离国而言,在史料记载不足的情况下,能够发现如此完整的墓葬,并采用现代科学技术对挖掘的文物展开科学性研究,不仅补充了历史文化中的缺失元素,增添了我们的精神文化财富,也是科学研究的又一次实践性积累。

历史的前行和时代的更迭都遵循着一定的规律,是客观存在,不以人的意志为转移的,但对于历史文化的记忆却是一个群体的主观意识存在,它对于群体的身份认同具有重要的意义,但并非永远不变,而是随时可能因朝代的更换而有所修正,也可能因为各种政治立场的不同而有所偏倚。仅以最为普遍存在的小群体——村庄为例,重修族谱是时常在进行的大事,各地文化志也都在不断地完善和修补,所以作为客观存在的钟离国墓葬就如所有其他考古发现一样,都是能够直接反映当时人们生活的现实景观和风俗信仰的实体存在,它存在的本身便是科学化的,也更经得住时间的考验。从更广泛的意义上来讲,对钟离国墓葬与中原文化关系的研究,也将更加印证

“四海之内皆兄弟”的真谛，更为推断人类源自同一祖先的命题锦上添花，对促进社会和谐发展、人民共同进步，联手解决普遍难题如环境、人口等具有重要的意义。

在研究过程中，钟离国这种独特的墓葬形式，使考古研究者们更加有把握地科学地推导出该国当时从国君到民众的现实生活方式，并以实证的方式科学推论，在春秋乱世，除了黄河中游地区的华夏诸国外，中国东部地区存在着东夷族的许多国家，东南和南部存在着百越国家，西北部边疆则是戎狄诸国，西南边疆则是苗黎，其中百越各国、东夷各国与中原各诸侯国不只地理上相互交接，文化上也互相交融。

钟离国就处在中原文化血统的齐鲁、百越血统的吴越，以及兼具中原、百越和苗黎特征的楚国文化的包围圈中，是在列强的夹缝中生存。春秋乱世，小国湮没于历史洪流中乃是寻常之事，对于我们这样一个有着“成王败寇”修史传统的民族而言，像钟离国这样的小国，史家自然吝于笔墨。但是，从吴、越、楚等国的考古发现看，这些诸侯国王侯墓葬的葬制和中原已经大同小异，而钟离小国能够在墓葬中维持其独特的墓葬形式，保持其族群的主体性，从今人的眼光看，这个徐淮夷诸侯国充满了不畏强权的血性文化。对于缺乏东夷史料研究的史学界而言，钟离国的文化属性和族群性格无疑是很有价值的发现。

第三节　出土钟离国钟磬乐器的历史学价值

史籍中有关钟离国的记载本就不多，致使关于钟离国的研究也一直处于众说纷纭境况：有人认为钟离国是殷人伯夷后代，子姓；也有人认为应该是嬴姓之国，也称为“终黎”。《史记·秦本纪》中便有云：“钟离国故城在濠州钟离县东五里。”也就是说钟离国的大体位置应在今安徽省凤阳县临淮关镇东3公里左右处；而根据《左传》记载：楚于昭公四年（公元前538年）派“箴尹宜咎城钟离以备吴”，因而认为钟离国乃为楚邑。无论各类历史文献的记载多么重要和有价值，它们终究是有思想的人类编著，只能作为当时文化和历史的一种参考。这样，考古发现的实物便成为了考证和揭示各种历史文献史料的有力证据。对于钟离国墓葬主人的考证以及对所出土各类文物的科学研究，终将使人们完全揭开钟离国神秘的历史面纱。

在钟离国墓葬中所出现的规则的圆形墓坑像神秘的“麦田怪圈”一般，还有神秘的五色混合土和白土垫层，怪异的放射线型延伸，难得一见的土丘和土偶等诸多新发现，也被考古专家们评价为“从未有过的新文化现象”，此座墓葬可谓是安徽省考古史上规格最高、最具价值的古墓葬之一；而且根据安徽省文物考古研究所所长、双墩一号墓考古发掘工作的领队杨立新所说，这次所发现的墓葬属于“黄肠题凑”结构，这种西汉诸侯王陵常有的葬制，目前在北京、河北石家庄、江苏扬州、湖南长沙等地发现的类似形制墓葬也均为诸侯王或王后的陵墓，由此说明墓主应属于当时诸侯王一级的人物。更重要的是，通过对该墓葬中体现独特文化习惯、信仰和生活习惯，具有中原文化特征的编钟、玉佩等文物的全面研究，不难发现，当时的东夷各族在主流政治意识形态上应该已经受到中原文化的深刻影响。

钟离国墓葬的考古研究将为我们展现，春秋时期不同族群来源的诸侯国之间逐步融合形成的以华夏文化为内核的统一文化，而后经春秋战国时期各诸侯国主体文化的激荡碰撞，最终促成了“百家争鸣”的思想喷发这一景象。可以说，如钟离国墓葬般的新文物的发现和挖掘，不断地丰富了我国的历史文化，当然也为我们民族的深厚文化注入了更多的养料，促使我国的历史文化朝着更加丰富多彩的未来迈进。

第四节　出土钟离国钟磬乐器的经济文化价值

一个王朝或者一个民族都是各群体在各自利益驱使下而得以建立和发展的，统治者往往为了加强中央管理，每当更朝换代都将更改年号，制定各种新标准和新制度，而受到政治、经济发展状况的影响，每一时期君王、臣子的墓葬规格自然各不相同。正是存在着各种差异，不断引发着人们对那一段段逝去历史的好奇。对于当下各国的文化经济发展而言，也正是这样一种隐含于人性之中不可避免的对未知事物的新鲜好奇感，促使着旅游业蒸蒸日上。世界八大奇迹的存在，引来多少游客奔赴发现现场，去亲身感受那一个个显现出历史人文、蕴含着历史气息的文化遗址。一批批游客为各国带来巨大的经济效益，仅以美国为例，2003 年旅游人群中有 1.4 亿人参观了各种历史遗存，约占整个旅行参观人群的31%。而我国最为重要的考古发现——秦始皇兵马俑所带来的经济利益同样巨大。

由此可知，每一次的考古挖掘，尤其是具备重要历史考察价值的考古发现都将成为加强政治建设、加速经济发展的助力。当然，考古发现所带来的民族自豪感和国家威望的增强与提升，应该是各国及其广大民众所期盼的。钟离国墓葬的发现以及由此为起点展开的钟离国文化研究，也将推动旅游业发展，带来可观的效益。

参考文献

1. 安徽省文物考古研究所《凤阳大东关与卞庄》,科学出版社,2010 年。

2. 安徽省地质矿产局区域地质调查队《安徽地层志·寒武系分册》,安徽科学技术出版社,1988 年。

3. 安徽省内河航运编写委员会编《安徽省淮河航道志》,安徽人民出版社,1991 年。

4. 安徽省文物管理委员会、安徽省博物馆《寿县蔡侯墓出土遗物》,科学出版社,1956 年。

5. 安徽省文物考古研究所、蚌埠市博物馆《安徽蚌埠市双墩一号春秋墓葬》,《考古》,2009 年第 7 期。

6. 安徽省文物考古研究所、蚌埠市博物馆《安徽蚌埠市双墩一号春秋墓葬发掘简报》,《考古》,2010 年第 3 期。

7. 安徽省文物考古研究所《蚌埠双墩》(上卷),科学出版社,2008 年。

8. 安徽水利厅编《1958 年淮河流域水文资料》(第 3、4 册),安徽人民出版社,1959 年。

9. 安离、占先《浅谈民间舞蹈淮河花鼓灯的即兴创作》,《大众文艺》,2009 年第 16 期。

10. 蚌埠市博物馆、安徽省文物考古研究所《蚌埠双墩》,科学出版社,2008 年。

11. 陈朝云、周军玲《夏商周与淮河流域》,《郑州大学学报(哲学社会出版社)》,2005 年第 2 期。

12. 陈广忠《淮河传》,河北大学出版社,2010 年。

13. 陈桂棣《淮河的警告》,人民文学出版社,2005 年。

14. 陈立柱、洪永平《浅谈"淮河文化"概念》,《学术界》,2006 年第

4 期。

15. 方建军《侯家庄——1217 号大墓的磬和鼓》,《交响》,1988 年第 2 期。

16. 方建军《考古发现先商磬初探》,《中国音乐学》,1989 年第 1 期。

17. 方建军《洛阳中州大区出土编磬试探》,《考古》,1989 年第 3 期。

18. 方建军《商代磬和西周磬》,《文博》,1990 年第 3 期。

19. 方建军《西周磬与(考工记·磬氏)磬制》,《乐器》,1989 年第 2 期。

20. 方建军《中国古代乐器的发现和种类》,《中央音乐学院学报》,1996 年第 2 期。

21. 方建军《中国上古时代的钮钟》,《交响》,1997 年第 1 期。

22. 方建军《商代磬和西周磬》,《文博》,1989 年第 3 期。

23. 费玲伢《淮河流域史前陶鼓的研究》,《江汉考古》,2005 年第 2 期。

24. 宫希成《安徽淮河流域西周时期文化试析》,《东南文化》,1999 年第 5 期。

25. 河南省文物考古研究所《舞阳贾湖》,科学出版社,1999 年。

26. 河南省文物考古研究所《禹州瓦店》,世界图书出版社公司北京公司,2004 年。

27. 淮河纪行编写组《淮河纪行》,上海教育出版社,1985 年。

28. 黄景略、张忠培《淮河下游新石器时代的绚丽画卷——龙虬庄遗址与江淮地区古文化学术座谈会专家发言纪要》,《东南文化》,1999 年第 3 期。

29. 黄润、李远平《安徽省淮河流域新石器文化兴衰与自然环境变迁关系》,《皖西学院学报》,2008 年第 5 期。

30. 贾兵强《裴李岗文化时期的农作物与农耕文明》,《农业考古》,2010 年第 1 期。

31. 解华顶、沈薇《淮河流域新石器时代采集经济的史学观察》,《安徽农业科学》,2009 年第 5 期。

32. 晋宏忠《略论楚文化的内涵及其现实意义》,《襄樊职业技术学院学报》,2007 年第 3 期。

33. 阚绪杭《定远县侯家寨新石器时代遗址发掘简报》,《文物研究》(总第5期),黄山书社,1989年。

34. 康文圣《淮河沧桑》,中国科学技术出版社,2003年。

35. 李敬民《淮河流域民间音乐文化区形成与发展的历史地理条件初探》,《信阳师范学院学报(哲学社会科学版)》,2006年第4期。

36. 李修松、张宪平《春秋战国时期淮河流域农业生产论》,《中国农史》,1998年第2期。

37. 李修松、张宪平《商代淮河流域经济论述》,《学术界》,1997年第5期。

38. 李修松《淮河流域历史文化研究》,黄山书社,2001年。

39. 李修松《西周时期淮河流域工商业及交通简论》,《安徽史学》,1999年第1期。

40. 李修松《先秦秦汉时期淮河旅游的历史地位》,《安徽大学学报(哲学社会科学版)》,2003年第6期。

41. 李友谋《裴李岗文化》,文物出版社,2003年。

42. 梁中效《从〈诗经〉和〈楚辞〉看汉水、淮河流域的文化》,《华夏文化》,2001年第4期。

43. 马鸿雁《第三届淮河文化研讨会综述》,《阜阳师范学院学报》,2006年第3期。

44. 马世之《登封王城岗城址与禹都阳城》,《中原文物》,2008年第2期。

45. 欧潭生《春秋时期黄君夫妇墓发掘报告》,《考古》,1984年第4期。

46. 前伟超《淮河的光芒:黄河与长江的联结——〈舞阳贾湖·序〉》,《东南文化》,1999年第1期。

47. 钱穆《中国文化史导论》,商务印书馆,1996年。

48. 乔建中《国乐今说》,上海音乐学院出版社,2005年。

49. 山东省博物馆、山东文物考古研究所编《山东汉画像石选集》,齐鲁书社,1982年。

50. 山东省文物管理处《山东临淄齐故城试掘简报》,《考古》,1961年第6期。

51. 盛险峰《论淮河在中国古代南北方的分界地位》,《古代文明》,2008年第1期。

52. 寿县博物馆《寿县双桥战国墓调查》,《文物研究》(出版者不详),1986年。

53. 朔知《安徽淮河流域早期原始文化略说》,《东南文化》,1999年第5期。

54. 孙以楷《鹖冠子淮河西楚人考》,《安徽大学学报(哲学社会科学版)》,2001年第4期。

55. 郑大鹏、徐英三主编《淮河水利管理志》,科学出版社,2007年。

56. 刘勇、段红东、刘玉年主编《淮河规划志》,科学出版社,2005年。

57. 唐元海、伍海平主编《淮河人文志》,科学出版社,2007年。

58. 王宏建、袁宝林《美术概论》,高等教育出版社,1994年。

59. 王政《安徽淮河流域的中华文明之光》,《淮北煤师院学报(哲学社会科学版)》,2000年第4期。

60. 王子初《镈钟》,《乐器》,2003年第4期。

61. 王子初《钮钟》(上),《乐器》,2003年第11期。

62. 王子初《钮钟》(下),《乐器》,2003年第12期。

63. 王子初《石磬的音乐考古学断代》,《中国音乐学》,2004年第4期。

64. 王子初《中国青铜乐器的音乐学断代——钟磬的音乐考古学断代之二》,《中国音乐学》,2007年第1期。

65. 王子初《石磬的音乐考古学断代》,《中国音乐学》,2004年第2期。

66. 温廷宽、王鲁《古代艺术词典》,中国国际广播出版社,1989年。

67. 吴恩培《淮上的争夺——春秋后期,吴、楚、晋在淮河流域的角逐及吴国与徐淮夷关系的论述》,《苏州市职业大学学报》,2006年第3期。

68. 吴汝祚《舞阳遗址发掘的意义》,《中原文物》,1991年第2期。

69. 夏商周断代工程丛书编辑委员会《夏商周断代工程1996—2000年阶段成果报告》(简本),世界图书出版社,2001年。

70. 张敏《从青莲岗文化的命名谈淮河流域与长江流域原始文化的相

互关系》,《郑州大学学报(哲学社会科学版)》,2005 年第 2 期。

71. 张明乐《中国淮河流域民间工匠习俗》,《民俗研究》,2002 年第 1 期。

72. 张义丰等《淮河地理研究》,测绘出版社,1993 年。

73. 张正明《中原楚文化研究》,湖北教育出版社,1995 年。

74. 赵东山《沂源发现新石器时代早期遗址》,《大众日报》,2007 年4 月 22 日。

75. 中国社会科学院考古研究所《偃师二里头》,中国大百科全书出版社,1999 年。

76. 朱光耀、朱诚、马春梅、王吉怀、阚绪杭、马彩霞《淮河中游新石器时代遗址出土石器的演变所反映的人地关系——以双墩和尉迟寺遗址为例》,《地理研究》,2008 年第 1 期。

77. 朱延庆《淮河文化漫说》,《江苏政协》,2003 年第 2 期。

78. 邹文生、王剑《陈楚文化》,辽宁教育出版社,1998 年。

79. 于弢《中国古钟史话》,中国旅游出版社,1999 年。

80. 修海林、王子初《看得见的音乐乐器》,上海文艺出版社,2001 年。

81. 方建军《钟离国编钟编镈研究》,《中国音乐学》,2102 年第 3 期。

82. 李清《花鼓灯的农耕文化视野》,《中国音乐学》,2009 年第 2 期。

83. 李清《淮河流域传统民歌的过渡性与融合性探析》,《黄山学院学报》,2009 年第 2 期。

附　录

一、相关图片

发掘前的双墩一号墓

双墩一号墓编纽钟发掘场景

发掘后的双墩一号墓

钟磬测试工作场景之一

钟磬测试工作场景之二

钟磬测试工作场景之三

钟磬测试工作场景之四

钟磬测试工作场景之五

钟磬测试工作场景之六

钟磬测试工作场景之七

钟磬测试工作场景之八

钟磬测试工作场景之九

钟磬测试工作场景之十

钟磬测试工作场景之十一

钟磬测试工作场景之十二

钟磬测试工作场景之十三

钟磬测试工作场景之十四

钟磬测试工作场景之十五

钟磬测试工作场景之十六

钟磬测试工作场景之十七

钟磬测试工作场景之十八

钟磬测试工作场景之十九

钟磬测试工作场景之二十

二、建国以来编钟、编磬及钟离国研究的文献目录索引

编　钟

1. 崔玉棠《金编钟》,《文物参考资料》,1958 年第 11 期。

2. 杨荫浏《信阳出土春秋编钟的音律》,《音乐研究》,1959 年第 3 期。

3. 杨荫浏《关于春秋编钟音律问题》,《音乐研究》,1960 年第 3 期。

4. 李文信《上京款大晟南吕编钟》,《文物》,1963 年第 5 期。

5. 陈梦家《宋大晟编钟考述》,《文物》,1964 年第 3 期。

6. 李纯一《关于歌钟、行钟及蔡侯编钟》,《文物》,1973 年第 7 期。

7. 邓少琴《四川涪陵新出土的错金编钟》,《文物》,1974 年第 12 期。

8. 寇效信《秦汉乐府考略——由秦始皇陵出土的秦乐府编钟谈起》,《陕西师大学报(哲学社会科学版)》,1978 年第 4 期。

9. 罗瑞祥《乐平县出土战国铜编钟》,《江西历史文物》,1979 年第 6 期。

10. 张振新《曾侯乙墓编钟的梁架结构与钟虡铜人》,《文物》,1979 年第 7 期。

11. 龚育之《曾侯乙墓古编钟出土》,载《中国二十世纪通鉴》,线装书局,1980 年。

12. 陈通、郑大瑞《（刑田)(竹鬲)编钟的声学性质》,《科学通报》,1980 年第 6 期。

13. 小兵《复制曾候乙墓战国编钟获得初步成功》,《乐器科技》,1980 年第 6 期。

14. 陈通、郑大瑞《古编钟的声学特性》,《声学学报》,1980 年第 6 期。

15. 熊卜发、刘志升《大悟发现编钟等铜器》,《江汉考古》,1980 年第 7 期。

16. 陈通《钟的振动和政工师(刑田)编钟、永乐大钟的声学特性》,《自然科学年鉴》,上海科学技术出版社,1981 年。

17. 李纯一《曾侯乙编钟铭文考索》,《音乐研究》,1981 年第 3 期。

18. 王湘《曾侯乙墓编钟音律的探讨》,《音乐研究》,1981 年第 3 期。

19. 谭维四、冯光生《关于曾侯乙墓编钟钮钟音乐性能的浅见——兼与王湘同志商榷》,《音乐研究》,1981 年第 3 期。

20. 戴念祖《中国的编钟及其在科学史上的意义》,《自然辩证法通讯》,1981 年第 3 期。

21. 王志伟《编钟与乐队演奏的〈梅花三弄〉》,《中国音乐》,1981 年第 10 期。

22. 华觉明、贾云福《先秦编钟设计制作的探讨——兼论〈考工记〉"遂"的部位与作用》,《自然辩证法通讯》,1981 年第 10 期。

23. 万依《清代编钟与中和韶乐》,《紫禁城》,1981 年第 12 期。

24. 叶学贤、贾云福《化学成分、组织、热处理对编钟声学特性的影响》,《江汉考古》,1981 年第 12 期。

25. 贾陇生、林瑞《用激光全息技术研究曾侯乙编钟的振动模式》,《江汉考古》,1981 年第 12 期。

26. 林瑞、王玉柱《对曾侯乙墓编钟的结构探讨》,《江汉考古》,1981 年第 12 期。

27. 吴厚品、周孙录、叶学贤《用现代熔模铸造工艺复制曾侯乙编钟》,《江汉考古》,1981 年第 12 期。

28. 胡家喜、陈中行《采用国产有机硅橡胶翻模复制曾侯乙墓编钟成功》,《江汉考古》,1981 年第 12 期。

29. 华觉明《曾侯乙编钟簨虡构件的冶铸技术》,《江汉考古》,1981 年第 12 期。

30. 贾云福、华觉明《曾侯乙编钟群的原钟分析》,《江汉考古》,1981 年第 12 期。

31.《曾侯乙编钟复制研究中的科学技术工作》,《江汉考古》,1981 年第 12 期。

32.《多学科协作攻关的成果——曾侯乙编钟复制的研究与试制基本成功》,《江汉考古》,1981 年第 12 期。

33.《曾侯乙编钟复制已基本成功》,《江汉考古》,1981 年第 12 期。

34. 林蔚《采用激光全息术检测古代编钟》,《仪表工业》,1982 年第 3 期。

35. 陶鸣宽《四川会理出土一组编钟》,《考古》,1982 年第 3 期。

36. 杨玠《云南牟定出土一套铜编钟》,《文物》,1982 年第 5 期。

37. 黄翔鹏《先秦编钟音阶结构的断代研究》,《江汉考古》,1982 年第 7 期。

38. 林瑞、王玉柱《中国淅川编钟的复制研究》,《哈尔滨科学技术大学学报》,1982 年第 7 期。

39.《中国古乐器编钟能奏出贝多芬第九交响乐〈欢乐颂〉的旋律》,《中国年鉴》,1983 年。

40. 博言《“稀世珍宝”——曾侯乙编钟的复制》,《特种铸造及有色合金》,1983 年第 3 期。

41. 李德真《漫话编钟》,《音乐爱好者》,1983 年第 3 期。

42. 李洁非、陈廉《从〈丝路花雨〉到〈编钟乐舞〉——浅析近年对古典乐舞的发掘》,《瞭望》,1983 年第 3 期。

43. 华觉明、贾云福《先秦编钟设计制作的探讨》,《自然科学史研究》,1983 年第 4 期。

44. 亡石《牟定编钟》,《云南民族学院学报》,1983 年第 4 期。

45. 童始步《重奏千古佳音——曾侯乙编钟、编磬复制品通过鉴定》,《乐器》,1983 年第 5 期。

46. 陈通、郑大瑞《椭圆截锥的弯曲振动和编钟》,《声学学报》,1983 年第 6 期。

47. 郭德维《我国古代技术成就——编钟》,《机械工人》,1983 年第 6 期。

48. 齐吉祥《编钟——初中〈中国历史〉第一册彩色插图介绍》,《历史教学》,1983 年第 6 期。

49. 钟辉《曾侯乙编钟复制研究成果鉴定会述要》,《江汉考古》,1983 年第 7 期。

50. 华觉明《曾侯乙编钟复制研究中的科学技术工作》,《文物》,1983 年第 8 期。

51. 刘光涛《〈编钟乐舞〉的古乐队》,《人民音乐》,1983 年第 11 期。

52. 黄可复《仿古新编钟》,《乐器》,1983 年第 12 期。

53. 张申明《中国新创作和演出的编钟乐舞》,《中国年鉴》,大修馆书店出版,1984 年。

54. 吴文琪《滕县西周“滕皇”编钟》,《中国考古学年鉴》,文物出版社,1984 年。

55.《全国艺术团体争相定制“仿古双音编钟”》,《苏州年鉴》,江苏人民出版社,1984 年。

56. 李京华《青铜编钟擨隧新考》,《有色金属》,1984 年第 1 期。

57. 戴念祖《中国编钟的过去和现在的研究》,《中国科技史料》,1984 年第 3 期。

58. 童忠良《曾侯乙编钟的三度音系》,《人民音乐》,1984 年第 6 期。

59. 余德章《涪陵巴人贵族墓出土的编钟》,《乐器》,1984 年第 6 期。

60. 扬宇《全套曾侯乙编钟复制成功——国庆期间一展风采》,《乐器》,1984 年第 10 期。

61. 陆荣根《仿古双音编钟　二十七音渔鼓　三十二音编铓 83 – B 型定音鼓四种新产品通过鉴定》,《乐器》,1984 年第 10 期。

62. 王震亚《对编钟乐队的祝愿》,《人民音乐》,1984 年第 12 期。

63.《曾侯乙编钟复制成功》,《江汉考古》,1984 年第 12 期。

64. 王玉柱、华觉明《曾侯乙编钟的结构和声学特性》,《自然科学年鉴》,1985 年。

65. 杨少祥《兴宁县出土战国铜编钟》,《中国考古学年鉴》,文物出版社,1985 年。

66. 黄启善《广西西林县出土的汉代羊角钮铜编钟》,《乐器》,1985 年第 3 期。

67. 郭曼曼《略论曾侯乙青铜编钟在音乐史上的价值》,《史学月刊》,1985 年第 4 期。

68. 李纯一《曾侯乙墓编钟的编次和乐悬》,《音乐研究》,1985 年第 5 期。

69. 张亚初《淅川下寺二号墓的墓主、年代与一号墓编钟的名称问题》,《文物》,1985 年第 5 期。

70. 张宏礼《曾侯乙编钟复制研究获重大成果》,《中国科技史料》,1985 年第 5 期。

71. 杜继红《汉东长留明月辉——随州古编钟简介》,《文史杂志》,1985 年第 5 期。

72. 金海鸥《古代编钟及其仿制》,《乐器》,1985 年第 6 期。

73. 王玉柱、华觉明《曾侯乙编钟的结构和声学特性的研究》,《哈尔滨科学技术大学科学报告会论文摘要汇编》,1985 年。

74.《秭归县怀抱石村的三件编钟》,《中国考古学年鉴》,文物出版社,1986 年。

75.《博罗县春秋时期编钟》,《中国考古学年鉴》,文物出版社,1986 年。

76. 育才《编钟乐舞》,《人民音乐》,1986 年第 1 期。

77. 黄石安、陈政新《陶瓷型精铸工艺在复制大型曾侯乙编钟上的应用》,《铸造技术》,1986 年第 3 期。

78. 海鸥《苏州仿古编钟在新加坡》,《乐器》,1986 年第 3 期。

79. 贾陇生《应用激光全息术测试古编钟的振动特性》,《哈尔滨科学技术大学学报》,1986 年第 7 期。

80. 冯时《曾侯乙编钟的所谓“变宫”问题》,《考古》,1986 年第 7 期。

81. E. G. 麦克伦、黄翔鹏《曾侯乙青铜编钟——巴比伦的生物物理学在古中国》,《中国音乐学》,1986 年第 10 期。

82. 薄谈《曾侯乙编钟、编磬(复制品)赴京展览演出受到国内外人士的广泛欢迎》,《江汉考古》,1986 年第 10 期。

83. 李德真《编钟》,《中国音乐》,1986 年第 12 期。

84. 黄纲正、王自明《宁乡出土两件西周铜编钟》,《长沙年鉴》,湖南人民出版社,1987 年。

85. 章剑平《寻求科学、知识、艺术的和谐统一——〈曾侯乙编钟〉创作总结》,《中国电影年鉴》,中国文联出版社,1987 年。

86. 孙德华《武汉音乐学院研究设计复制的编钟与编磬》,《湖北教育年鉴》,湖北人民出版社,1987 年。

87. 荣炳华《鎏金编钟(西汉)》,《淄博年鉴》,齐鲁书社,1987 年。

88. 姚振亚《曾侯乙编钟》,《中国集邮年鉴》,中国集邮出版社,1987 年。

89. 宏申《再现“第八大奇迹”的丰姿——〈曾侯乙编钟〉赞》,《电影评介》,1987 年第 3 期。

90. 仲实、冯宇《鄂西出土春秋战国编钟》,《乐器》,1987 年第 5 期。

91. 杨匡民《楚编钟与民歌音阶的比较》,《交响》,1987 年第 7 期。

92. 李希凡《编钟乐舞》,《中国文艺年鉴》,文化艺术出版社,1988 年。

93. 王玉柱、安志欣、谭维四、华觉明《中国青铜编钟的声谱与结构》,《振动・测试与诊断》,1988 年第 3 期。

94. 修海林《曾侯乙编钟六阳律的三度定律及其音阶型态》,《中国音乐》,1988 年第 4 期。

95. 李幼平《编钟古乐器系列讲座》,《黄钟》,1988 年第 7 期。

96. 杨英吉《临淄出土战国编钟》,《管子学刊》,1988 年第 7 期。

97. 李蔚《“中国古代科学文化国际交流・曾侯乙编钟专题”活动在武汉圆满结束》,《乐器》,

1988年第12期。

98. 郑荣达《试探先秦双音编钟的设计构想》,《黄钟》,1988年第12期。

99. 童忠良、郑荣达《荆州民歌的三度重叠与纯律因素——兼论湖北民间音乐与曾侯乙编钟乐律的比较》,《黄钟》,1988年第12期。

100. 崔宪《曾侯乙编钟宫调关系浅析》,《黄钟》,1988年第12期。

101. 杨匡民《曾侯乙编钟音列及其它》,《黄钟》,1988年第12期。

102. 童忠良《百钟探寻——擂鼓墩一、二号墓出土编钟的比较》,《黄钟》,1988年第12期。

103. 于书吉《古编钟的音频特性》,《黄钟》,1988年第12期。

104. 王庆沅《曾侯乙编钟与兴山体系民歌的定律结构》,《黄钟》,1988年第12期。

105. 许定慧《擂鼓墩二号墓编钟及其音律测试》,《黄钟》,1988年第12期。

106. 竹旦、纪潮《中国古代科学文化国际交流曾侯乙编钟专题活动在湖北举行》,《江汉考古》,1988年第12期。

107. 吕骥《在中国古代科学文化国际交流曾侯乙编钟专题活动开幕式上的讲话》,《江汉考古》,1988年第12期。

108. 托马斯·劳顿《在中国古代科学文化国际交流曾侯乙编钟专题活动开幕式上的讲话》,《江汉考古》,1988年第12期。

109. 王重农《中国古代科学文化国际交流曾侯乙编钟专题活动开幕式致辞》,《江汉考古》,1988年第12期。

110. 王子初《纪念曾侯乙编钟出土十周年国际学术会议在武汉召开》,《中国音乐年鉴》,文化艺术出版社,1989年。

111. 田青《编钟古乐器新作品评奖》,《中国音乐年鉴》,文化艺术出版社,1989年。

112. 吴钊《曾侯乙编钟国际学术研讨会》,《中国音乐年鉴》,文化艺术出版社,1989年。

113. 曹传明、王鸿亮《鲁东乐器厂生产的仿古乐器"编钟"等为国内首创》,《淄博年鉴》,齐鲁书社,1989年。

114. 詹学易《中国古代科学文化国际交流曾侯乙编钟专题活动在武汉举行》,《中国考古学年鉴》,文物出版社,1989年。

115. 一文《曾侯乙编钟专题会议》,《音乐研究》,1989年第3期。

116. 《编钟国际学术交流活动述评》,《黄钟》,1989年第4期。

117. 曹锦炎《编钟铭文释议》,《文物》,1989年第5期。

118. 颜频《赋与"第八大奇迹"新的艺术生命——演奏曾侯乙编钟的一点体会》,《乐器》,1989年第6期。

119. 《擂鼓墩一、二号墓出土编钟的比较》,《音乐研究》,1989年第6期。

120. 苏音《苏州开发具有纪念意义的旅游小编钟》,《乐器》,1989年第8期。

121. 童忠良《评乐失求诸野——兼评吕骥同志对编钟的考察》,《人民音乐》,1989年第10期。

122. 童忠良《楚文化与曾侯乙编钟乐律》,《湖北社会科学》,1989 年第 12 期。

123. 孙文亭《省歌舞团〈编钟乐舞〉赴美国、加拿大演出》,《湖北年鉴》,湖北人民出版社,1990 年。

124. 孙文亭《曾侯乙编钟第二套复制件研制成功》,《湖北年鉴》,湖北人民出版社,1990 年。

125. 邢国丽、刘晗《首次“中国古代科学文化国际交流 · 曾侯乙编钟专题”活动》,《中国旅游年鉴》,中国旅游出版社,1990 年。

126. 吴敏《编钟乐舞商品展销会》,《襄樊年鉴》,方志出版社,1990 年。

127. 黄菊仙《彩虹全息干涉术研究曾侯乙编钟的振动模式》,《激光技术》,1990 年第 3 期。

128. 王昌燧、范崇正《蔡侯编钟的粉状锈研究》,《中国科学(B 辑　化学　生命科学　地学)》1990 年第 6 期。

129. 田海峰《有关曾侯乙编钟的几个问题》,《文博》,1990 年第 6 期。

130. 文音《陕西新安机砖厂汉初积炭墓出土 10 件陶编钟》,《乐器》,1990 年第 10 期。

131. 秦序《先秦编钟“双音”规律的发现与研究》,《中国音乐学》,1990 年第 10 期。

132. 崔宪《曾侯乙编钟研究概述及其他》,《中国音乐年鉴》,文化艺术出版社,1991 年。

133. 周千秋《古编钟演奏》,《中华诗词年鉴》,学林出版社,1991 年。

134. 郭民卿《虢国墓出土的青铜编钟》,《河南年鉴》,中国统计出版社,1991 年。

135. 郭守玉《湖北省博物馆编钟馆》,《中国建筑年鉴》,中国建筑工业出版社,1991 年。

136. 李加宁《浅议曾侯乙编钟的频率与尺度间的关系》,《乐器》,1991 年第 5 期。

137. 王斌《石花大曲、编钟乐酒创部优》,《襄樊年鉴》,方志出版社,1992 年。

138. 徐信印《陕西汉阴出土的一批宋代编钟》,《文博》,1992 年第 3 期。

139. 温增源《诸城公孙朝子编钟及其相关问题》,《齐鲁艺苑》,1992 年第 4 期。

140. 方建军《续论秦公编钟的音阶与组合》,《交响》,1992 年第 9 期。

141. 陈平、罗萱《太博举办“曾侯乙编钟”展》,《南京年鉴》,中国医药科技出版社,1993 年。

142.《千古绝响——曾侯乙编钟之声》,《中国广播电视年鉴》,中国广播电视出版社,1993 年。

143. 崔宪《曾侯乙编钟钟铭校释及其律学研究(提要)》,《中国音乐年鉴》,文化艺术出版社,1994 年。

144. 崔宪《曾侯乙编钟律学研究》,《中国音乐学》,1994 年第 2 期。

145.《湖北省随州市博物馆编钟古乐在我馆展演》,《杜甫研究学刊》,1994 年第 3 期。

146. 曹玮、魏京武《西周编钟的礼制意义》,《南方文物》,1994 年第 6 期。

147. 谭白明《曾侯乙墓编钟并非楚国制造——评〈大中华文化知识宝库〉“曾侯乙墓编钟的由来”条释文》,《江汉考古》,1994 年第 9 期。

148. 刘东瑞《明代鎏金铜编钟回归祖国》,《收藏家》,1994 年第 12 期。

149. 崔宪《曾侯乙编钟钟铭校释(上)》,《音乐研究》,1994 年第 12 期。

150. 闻彦《涌山车溪出土战国时期编钟及青铜币》,《乐平》,1995 年第 1 期。

151. 施文辉《云南姚安首次出土一批编钟》,《四川文物》,1995 年第 2 期。

152. 李学勤《试论楚公逆编钟》,《文物》,1995 年第 2 期。

153. 徐士杰《古钟妙曲传五洲——来自编钟故土随州的报告》,《炎黄春秋》,1995 年第 3 期。

154. 崔宪《曾侯乙编钟钟铭校释(下)》,《音乐研究》,1995 年第 3 期。

155. 蒋定穗《中国古代编钟论纲》,《中国音乐》,1995 年第 3 期。

156. 黄翔鹏、张振涛《"之调称谓"、"为调称谓"与术语研究——兼谈曾侯乙编钟的乐制》,《中国音乐》,1995 年第 6 期。

157. 柴福有《记浙江江山出土的一套青铜编钟》,《南方文物》,1995 年第 9 期。

158. 阒川《北宋大晟编钟》,《金属世界》,1995 年第 10 期。

159. 周庆生《明代鎏金铜编钟回归仪式举行》,《北京年鉴》,北京出版社,1996 年。

160. 徐志长《回归的明代鎏金铜编钟》,《北京园林年鉴》,北京市园林局,1996 年。

161. 徐志长《明代鎏金铜编钟回归天坛移交仪式》,《北京园林年鉴》,北京市园林局,1996 年。

162. 金明《古编钟为什么不是圆的?——试论编钟的双音性和音的短延性》,《力学与实践》,1996 年第 2 期。

163. 集抒《现存最珍贵的金编钟》,《满族研究》,1996 年第 3 期。

164. 柴福有《浙江江山出土青铜编钟》,《文物》,1996 年第 5 期。

165. 谭维四、蒋朗蟾《秦王编钟的复原研究》,《黄钟》,1996 年第 6 期。

166. 马承源《晋侯(鱼木)编钟》,《上海博物馆集刊》,1996 年第 9 期。

167. 岳文《金声玉振　乐韵铿锵——介绍编钟编铿和它们演奏的两首乐曲》,《视听技术》,1996 年第 11 期。

168. 张忠玉《水杯编钟实验中的两个错误分析》,《曲靖师专学报》,1996 年第 12 期。

169. 叶娃《编钟研究和〈考古"围城"〉》,《读书》,1997 年第 4 期。

170. 郭化夷、喻少柏《编钟古乐在宝岛奏响》,《两岸关系》,1997 年第 6 期。

171. 童忠良《古编钟的和鸣与天地人的交响——析谭盾〈交响曲 1997:天・地・人〉的编钟乐》,《黄钟》,1997 年第 6 期。

172. 谢丽丽《编钟的演奏技法及音色组合》,《黄钟》,1997 年第 6 期。

173. 白光琦《子犯编钟的年份问题》,《文物季刊》,1997 年第 6 期。

174. 童忠良《从先秦编钟乐队到现代交响化民族乐队——兼论中西管弦乐队音响的"点、线、面"特征》,《人民音乐》,1997 年第 7 期。

175. 江林昌《新出子犯编钟铭文史料价值初探》,《文献》,1997 年第 8 期。

176. 蔡全法、马俊才《群钟灿烂觅"郑声"——一九二件春秋郑国公室青铜编钟在新郑出土》,《寻根》,1997 年第 10 期。

177. 冯时《春秋子犯编钟纪年研究——晋重耳归国考》,《文物季刊》,1997 年第 12 期。

178. 黄锡金《晋侯苏编钟几处地名试探》,《江汉考古》,1997 年第 12 期。

179.《曾侯乙编钟钟铭校释及其律学研究》,《中国出版年鉴》,中国出版年鉴社,1998 年。

180. 史文亭《曾侯乙编钟参加香港回归庆典演奏》,《湖北年鉴》,中国统计出版社,1998 年。

181. 史文亭《曾侯乙编钟赴台湾展演》,《湖北年鉴》,中国统计出版社,1998 年。

182. 黄彰健《释〈武成〉与金文月相——兼论〈晋侯　编钟〉及武王伐纣年》,《历史研究》,1998 年第 4 期。

183. 丁红《金编钟历险记》,《世界文化》,1998 年第 5 期。

184. 王洪军《出土东周中原体系青铜编钟概况》,《黄钟》,1998 年第 6 期。

185. 洛地《对于曾侯乙编钟文化属性的疑议——"曾音乐文化"可能系"商—宋文化"说》,《中国音乐学》,1998 年第 7 期。

186. 肖木森《拓展研究视野　弘扬编钟文化——'98 曾侯乙编钟国际学术研讨会综述》,《理论月刊》,1998 年第 7 期。

187. 吴治平《'98 中国随州曾侯乙编钟国际学术研究会综述》,《湖北社会科学》,1998 年第 8 期。

188. 冯光生《曾侯乙编钟文化属性分析》,《黄钟》,1998 年第 9 期。

189. 臧艺兵《曾侯乙编钟与工尺谱——工尺谱来源再探》,《黄钟》,1998 年第 9 期。

190. 方建军《曾侯乙编钟的音乐文化基质》,《黄钟》,1998 年第 9 期。

191. 郑荣达《曾侯乙编钟复制的音律定位研究》,《黄钟》,1998 年第 9 期。

192. 史新民《曾侯乙编钟五音顺序中道的意涵》,《黄钟》,1998 年第 9 期。

193. 赵德义《敲响跨世纪的钟声——在'98 中国随州曾侯乙编钟国际学术研讨会开幕式上的讲话》,《黄钟》,1998 年第 9 期。

194.《写在前面——纪念曾侯乙编钟出土 20 周年》,《黄钟》,1998 年第 9 期。

195. 夏明明《曾侯乙编钟与中国古钟》《机械技术史——第一届中日机械技术史国际学术会议论文集》,1998 年。

196. 周书灿《晋侯苏编钟的作战地点与行军路线》,《中国历史地理论丛》,1998 年第 12 期。

197. 王子初《钮钟(上、下)》,《乐器考古》,1998 年第 5 期。

198. 牛爱红《王孙诰编钟》,《中原文物》,1999 年第 1 期。

199. 谭维四《随州擂鼓墩一号古墓的发现与曾候乙编钟——出土纪实(连载一)》,《今日湖北》,1999 年第 4 期。

200. 李京华《东周编钟造型工艺研究》,《中原文物》,1999 年第 4 期。

201. 谭维四《随州擂鼓墩一号古墓的发现与曾侯乙编钟——出土纪实(连载二)》,《今日湖北》,1999 年第 5 期。

202. 喻少柏、郝勤健《黄钟大吕吟绝响　金镈玉磬谱华章——湖北省编钟馆》,《今日湖北》1999 年第 5 期。

203. 赵德义、李幼平《跨世纪的曾侯乙编钟研究》,《社会科学动态》,1999 年第 6 期。

204. 谭维四《随州擂鼓墩一号古墓的发现与曾侯乙编钟——出土纪实(连载三)》,《今日湖北》,1999 年第 6 期。

205. 韩宝强、刘一青《曾侯乙编钟音高再测量兼及测音工作规范问题》,《中国音乐学》,1999 年第 7 期。

206. 谭维四《随州擂鼓墩一号古墓的发现与曾侯乙编钟——出土纪实(连载四)》,《今日湖北》,1999 年第 7 期。

207. 谭维四《随州擂鼓墩一号古墓的发现与曾侯乙编钟——出土纪实(连载五)》,《今日湖北》,1999 年第 8 期。

208. 李淑芬《从乐律铭文看曾侯乙编钟的构成》,《音乐艺术(上海音乐学院学报)》,1999 年第 9 期。

209. 李学勤《戎生编钟论释》,《文物》,1999 年第 9 期。

210. 王世民、蒋定穗《最近十多年来编钟的发现与研究》,《黄钟》,1999 年第 9 期。

211. 谭军《关于编钟、编磬系列击槌的研究与研制》,《黄钟》,1999 年第 9 期。

212. 义箫《中国编钟乐团在巴黎大放异彩》,《黄钟》,1999 年第 9 期。

213. 王子初《生编钟的音乐学内涵》,《中国音乐学》,1999 年第 10 期。

214. 韦陀《漫话编钟》,《金属世界》,1999 年第 12 期。

215. 孙玉鼎《 65 枚的曾侯乙编钟复制品》,《中国铸造年鉴》,工业出版社,2000 年。

216. 卜伟华、郭德宏《曾侯乙编钟复制品鉴定会在武汉举行》,《中国二十世纪通鉴》,线装书局,2000 年。

217. 龚育之《荆州又出土编钟设备》,《中国二十世纪通鉴》,线装书局,2000 年。

218. 胡志平《远古编钟魅力无限》,《乐器》,2000 年第 1 期。

219. 《编钟之王——中华和钟》,《中国酒》,2000 年第 2 期。

220. 宋瑞凯《西周旋宫与曾侯乙编钟的阴阳五声标音体系——祖孝孙旋宫溯源》,《艺术百家》,2000 年第 3 期。

221. 张志远《楚商(编钟与小乐队)》,《黄钟》,2000 年第 3 期。

222. 郑苏、张萌《悬挂着的音乐:〈中国青铜时代文化中的编钟〉(劳瑟·冯·福尔肯豪森著)》,《中央音乐学院学报》,2000 年第 5 期。

223. 胡志平《上下八千年的古韵新声——'99 巴黎·中国文化中国编钟音乐会评述》,《人民音乐》,2000 年第 6 期。

224. 李秀萍《西周虢国君王编钟试析》,《收藏家》,2000 年第 6 期。

225. 罗卫东《〈子范编钟〉补释》,《古汉语研究》,2000 年第 6 期。

226. 陈晓林《"编钟故国"又有重要考古发现》,《光明日报》2000 年 7 月 14 日。

227. 博文《〈中华和钟〉微缩双音编钟研制成功》,《中国社会报》2000 年 8 月 26 日。

228. 王洪军《出土东周中原体系青铜编钟编制区域特征探讨》,《黄钟》,2000 年第 9 期。

229. 博文《〈中华和钟〉微缩双音编钟研制成功》,《市场报》,2000 年 9 月 30 日。

230. 宋乐静《编钟奇缘》,《今日湖北》,2000 年第 10 期。

231. 华觉明《从陶寺铜铃到中华和钟——双音青铜编钟的由来、衍变和创新》,《清华大学学报(哲学社会科学版)》,2000 年第 10 期。

232. 华觉明《从陶寺铜铃到中华和钟——双音青铜编钟的由来、衍变和创新》,《机械技术史(2)——第二届中日机械技术史国际学术会议论文集》,2000 年。

233. 关晓武《中华青铜编钟的发展脉络研究》,《机械技术史(2)——第二届中日机械技术史国际学术会议论文集》,2000 年。

234. 陈磊、李锡蓉《从古编钟的设计制造思想看中国现代机械设计制造技术的发展》,《机械技术史(2)——第二届中日机械技术史国际学术会议论文集》,2000 年。

235. 潘笃武、刘贵兴、晋侯《编钟发声频率实测》,《文物保护与考古科学》,2000 年第 11 期。

236. 徐华东《陪葬坑中编钟、编磬出土状》,《济南年鉴》,齐鲁书社,2001 年。

237. 张孟军《编钟》,《三门峡年鉴》,河南人民出版社,2001 年。

238. 宋光茂《洛庄汉墓出土首套西汉编钟》,《人民日报》,2001 年 2 月 3 日。

239. 宋光茂《山东洛庄汉墓出土首套西汉编钟》,《人民日报》(海外版),2001 年 2 月 2 日。

240. 高晓晖、谭维四《人生为编钟而辉煌》,《湘潮》,2001 年第 3 期。

241. 李幼平《宋代新乐与编钟》,《黄钟》,2001 年第 3 期。

242. 关晓武《青铜编钟的发展脉络》,《中国科技史料》,2001 年第 3 期。

243. 王洪军《古乐新韵话编钟》,《人民音乐》,2001 年第 6 期。

244. 黄可复《精密铸造清式编钟的定律和调音》,《特种铸造及有色合金》,2001 年第 6 期。

245. 谭军《楚天祭祀魂(编钟与鼓吹乐)》,《黄钟》,2001 年第 6 期。

246. 关晓武《青铜编钟起源的探讨》,《文物保护与考古科学》,2001 年第 11 期。

247. 湖文《国际科技史学界瞩目曾侯乙编钟》,《云南科技报》,2001 年 12 月 3 日。

248. 刘自新《曾侯乙墓编钟陈列馆》,《随州年鉴》,湖北人民出版社,2002 年。

249. 王蒲琴《随州市古编钟文化发展有限公司》,《随州年鉴》,湖北人民出版社,2002 年。

250. 刘自新《随州市古编钟文化发展有限公司》,《随州年鉴》,湖北人民出版社,2002 年。

251. 史文亭《国际科技史学界瞩目曾侯乙编钟》,《湖北年鉴》,湖北人民出版社,2002 年。

252. 冯光生《周代编钟的双音技术及应用》,《中国音乐学》,2002 年第 1 期。

253. 王洪军《信阳编钟研究成果的疑惑》,《音乐艺术(上海音乐学院学报)》,2002 年第 3 期。

254.《敲响时尚"铜编钟"》,《电脑报》,2002 年 4 月 1 日。

255. 祝中熹《编钟古雅凝秦音》,《甘肃日报》,2002 年 5 月 14 日。

256. 小山内めぐみ《谭盾与编钟——一个日本人眼中的现代中国音乐》,《中央音乐学院学报》,2002 年第 8 期。

257. 关晓武《两周青铜编钟制作技术规范试探》,《机械技术史(3)——第三届中日机械技术史国际学术会议论文集》,2002 年。

258. 戴祖义《编钟为什么是扁的》,《云岭歌声》,2002 年第 8 期。

259. 翟明亮《仿曾侯乙编钟制成》,《铜陵年鉴》,安徽人民出版社,2003 年。

260. 陈双新《子范编钟铭文补议》,《考古与文物》,2003 年第 1 期。

261.《曾侯乙编钟出土秘闻》,《深圳商报》,2003 年 2 月 23 日。

262. 邵未、张倩《面向编钟乐舞的动作捕捉技术的研究》,《系统仿真学报》,2003 年第 3 期。

263. 杨松《世界首套玉编钟问世》,《光明日报》,2003 年 6 月 11 日。

264. 崔志坚《河南南阳制成国内首套玉编钟》,《光明日报》,2003 年 6 月 20 日。

265. 李大康《国宝录音札记——曾侯乙编钟录音纪实》,《中国电影电视技术学会影视科技论文集》,2003 年。

266. 明泰《国宝全金编钟劫难记》,《湖北档案》,2003 年第 8 期。

267. 蒋明蟾《韶乐编钟一览》,《湖南日报》,2003 年 8 月 20 日。

268. 佘学保《楚雄编钟简介》,《云岭歌声》,2003 年第 11 期。

269. 孔令远《铜鼓与编钟社会功能的民族考古学比较》,《重庆师范大学学报(哲学社会科学版)》,2003 年第 12 期。

270. 钟峻程《中国古代的全音音阶——曾侯乙编钟钮钟铭文之启示》,《艺术探索》,齐鲁书社,2003 年第 12 期。

271. 冯亚东《北海公园增添编钟表演节目》,《北京园林年鉴》,北京市园林局,2004 年。

272. 李民兴《编钟》,《淄博年鉴》,齐鲁书社,2004 年。

273. 张姝佳《曾侯乙墓编钟律制综述》,《中国音乐年鉴》,文化艺术出版社,2004 年。

274. 高沛《荆楚雄风　逸响伟辞》,《音乐周报》,2004 年 2 月 6 日。

275. 严燕来、孔令达《中华古编钟的乐钟性质研究》,《大学物理》,2004 年第 2 期。

276. 段渝《楚公逆编钟与周宣王伐楚》,《社会科学研究》,2004 年第 3 期。

277. 韩晓玲、田鑫馨、方勤《〈中国曾侯乙编钟〉开始编纂》,《湖北日报》,2004 年 4 月 12 日。

278. 田上《我院举行〈楚天新韵编钟音乐会〉》,《黄钟》,2004 年第 6 期。

279. 华觉明《曾侯乙编钟的研究复制》,《中国文化遗产》,2004 年第 15 期。

280. 张惠勇《中国编钟和西方钟琴的历史发展及其文化内涵初探》,《中国音乐学》,2004 年第 10 期。

281. 金石《文物鉴定须有科学态度——另一个视角看"鉴宝专家"所鉴"战国玉编钟"》,《艺术市场》,2005 年第 1 期。

282. 马林《移动式编钟琴研发成功》,《北京科技年鉴》,北京科学技术出版社,2005 年。

283. 闵伟《黑陶编钟》,《山东旅游商品年鉴》,山东地图出版社,2005 年。

284. 瞿立《颐和园德和园举行编钟乐舞演出活动》,《北京园林年鉴》,北京园林局,2005 年。

285. 周祖文《〈中国曾侯乙编钟〉编纂工作会议在汉召开》,《湖北年鉴》,湖北人民出版社,

2005 年。

286. 周祖文《省博物馆成功复制曾侯乙编钟》,《湖北年鉴》,湖北人民出版社,2005 年。

287. 沈雷《樊楼内演奏编钟编磬》,《无锡年鉴》,江苏人民出版社,2005 年。

288. 孟苗《9 件青铜编钟惊现沁县》,《山西日报》,2005 年 1 月 8 日。

289. 王清雷《章丘洛庄编钟刍议》,《文物》,2005 年第 1 期。

290. 陈丽新《曾侯乙编钟之镈钟》,《江汉考古》,2005 年第 2 期。

291. 盛剑晖、邵未《面向编钟乐舞的舞蹈动作编排系统的研究》,《系统仿真学报》,2005 年第 3 期。

292. 袁汀《欣赏高品位　收藏有价值——“中华和钟”纪念编钟面市》,《乐器》,2005 年第 3 期。

293. 孔义龙《两周编钟音列研究》,中国艺术研究院博士学位论文,2005 年。

294. 郑祖襄《河南淅川下寺 2 号楚墓王孙诰编钟乐律学分析》,《音乐艺术(上海音乐学院学报)》,2005 年第 6 期。

295. 王洪军《测音数据在编钟律制研究中的可信度分析》,《音乐艺术(上海音乐学院学报)》,2005 年第 6 期。

296. 罗莹、刘刚《编钟的美学研究及设计应用》,《2005 年工业设计国际会议论文集》,2005 年。

297. 张哲《梨树县出土编钟之断想》,《吉林日报》,2005 年 9 月 20 日。

298. 王安潮《从编钟编磬铭文看曾侯乙墓出土编磬的国别》,《黄钟》,2005 年第 9 期。

299. 细无声《千年楚声韶乐　如今重放异彩》,《汕头日报》2005 年 10 月 1 日。

300. 王子初《新郑东周祭祀遗址 1、4 号坑编钟的音乐学研究》,《文物》,2005 年第 10 期。

301. 王洪军《数理逻辑作用于考古学的绝好例证——郑荣达的“双音编钟音位设计的逻辑思维”及其意义》,《黄钟》,2005 年第 12 期。

302. 康威凯《鎏金编钟 · 神秘人》,《钟表》,2005 年第 12 期。

303. 潘伟春《编钟》,《兴宁年鉴》,广西人民出版社,2006 年。

304.《湖北省博物馆编钟乐团赴荷兰、比利时演出》,《中国文化年鉴》,新华出版社,2006 年。

305. 孔义龙、王子初《两周编钟音列研究(提要)》,《中国音乐年鉴》,文化艺术出版社,2006 年。

306. 郑祖襄《两套新郑出土编钟的乐律学分析》,《中国音乐学》,2006 年第 4 期。

307. 罗莹、贾朝红《编钟的美学研究及设计应用》,《包装工程》,2006 年第 4 期。

308. 张姝佳《曾侯乙墓编钟复合律制数据误差研究》,《中央音乐学院学报》,2006 年第 5 期。

309. 刘东兴、于秀娥《辉煌的见证——曾侯乙墓及编钟出土的意义和启示》,《衡水学院学报》,2006 年第 6 期。

310. 陈启祥、陈军《面向编钟乐舞的音视频同步技术的研究》,《微计算机信息》,2006 年第 7 期。

311. 黄敬刚《从曾侯乙编钟铜人看古代举重体育文化》,《光明日报》,2006 年 7 月 31 日。

312. 陈启祥、孙云《面向编钟乐舞动作关联度评价系统的研究实现》,《微计算机信息》,2006 年第 8 期。

313. 王歌扬《华夏古乐团编钟古乐的艺术实践与思考——河南博物院无形文化遗产的有形重塑》,《星海音乐学院学报》,2006 年第 9 期。

314. 刘玉堂、张硕《曾侯乙编钟与中国古代艺术和科技成就》,《武汉大学学报(人文科学版)》,2006 年第 9 期。

315. 云林《千年编钟奏响羊城》,《音乐周报》,2006 年 9 月 29 日。

316. 陈熹、严曙光《我省编钟民乐羊城首演》,《湖北日报》,2006 年 10 月 7 日。

317. 杨程、孙守迁《楚文化保护中编钟乐舞的复原与展示》,《中国图象图形学报》,2006 年第 10 期。

318. 王清雷《山东地区两周编钟的初步研究》,《文物》,2006 年第 12 期。

319. 孔义龙《20 世纪编钟音列研究述评》,《交响》,2006 年第 12 期。

320. 陈熹、严曙光《编钟将奏响新年音乐会》,《湖北日报》,2006 年 12 月 8 日。

321.《战国编钟》,《临淄年鉴》,齐鲁书社,2007 年。

322.《编钟故里——精彩平桥》,《信阳年鉴》,河南人民出版社,2007 年。

323. 瞿立《德和园编钟演出》,《北京市公园年鉴》,北京市公园管理中心,2007 年。

324. 刘英《颐和园举办德和园编钟表演》,《北京市公园年鉴》,北京市公园管理中心,2007 年。

325. 潘伟春《编钟》,《兴宁年鉴》,广西人民出版社,2007 年。

326. 孔义龙《论五弦取音法与东周编钟正鼓音列》,《中国音乐学》,2007 年第 1 期。

327. 孔义龙《论一弦等分取音与编钟回声音列》,《中国音乐》,2007 年第 1 期。

328. 孔义龙《河南叶县旧县 4 号墓编钟考察记》,《人民音乐》,2007 年第 2 期。

329. 管恩好《论编钟节奏对〈周颂〉诗体风格的影响》,《山东师范大学学报(人文社会科学版)》,2007 年第 3 期。

330. 张怀、严珍珍《用有限单元法研究曾侯乙编钟双音激发过程》,《科学通报》,2007 年第 3 期。

331. 管恩好《论编钟和乐舞对〈诗经〉四言诗体的影响》,《电影评介》,2007 年第 4 期。

332. 胡文娟《手势驱动编钟演奏技术的研究与系统实现》,浙江大学硕士学位论文,2007 年。

333. 黄丽《从谭盾〈交响曲 1997:天 · 地 · 人〉看编钟音乐之现代审美》,《艺术探索》,2007 年第 6 期。

334. 方建军、郑中《洛庄汉墓 14 号陪葬坑编钟研究》,《音乐研究》,2007 年第 6 期。

335. 方建军《西周早期云纹编钟的再认识》,《交响(西安音乐学院学报)》,2007 年第 6 期。

336. 陈启祥、孙俊逸《面向编钟乐舞的舞蹈动作虚拟仿真的研究》,《微计算机信息》,2007 年第 7 期。

337. 郑中、方建军《洛庄汉墓14号陪葬坑编钟、编磬测音报告》,《中央音乐学院学报》,2007年第8期。

338. 陈亮《扶风五郡西村西周青铜器窖藏编钟及相关问题》,《文物》,2007年第8期。

339. 徐杰、一龙《中国古代音乐是否传承下来——曾侯乙编钟与羊甫头铜箫的启示》,《民族音乐》,2007年第8期。

340. 廖君、刘阳《编钟搬家前"体检",检出奇特"双色音"》,《新华每日电讯》,2007年9月11日。

341. 漆明镜《论双音编钟的音程组合》,《音乐研究》,2007年第9期。

342. 黄德荣《云南羊角编钟初探》,《四川文物》,2007年第10期。

343. 孙敏《郑国祭祀遗址青铜编钟初考》,《中国音乐》,2007年第10期。

344. 郑中、方建军《汉墓14号陪葬坑编钟、编磬声谱分析》,《音乐艺术(上海音乐学院学报)》,2007年第12期。

345.《铜鎏金编钟》,《古董拍卖年鉴》,湖南美术出版社,2008年。

346.《御制鎏金铜交龙钮八拼"无射"编钟》,《古董拍卖年鉴》,湖南美术出版社,2008年。

347. 王桂荃《天坛明代鎏金铜编钟参加"复兴之路"大型主题展览》,《北京市公园年鉴》,北京市公园管理中心,2008年。

348. 韩宝强《编钟声学特性及其在音乐中的应用》,《演艺设备与科技》,2008年第1期。

349. 孔义龙《两周之际编钟正鼓音列的转制及其成因》,《黄钟》,2008年第1期。

350. 关晓武《20世纪中国青铜编钟研究及其制作应用》,《内蒙古师范大学学报(自然科学汉文版)》,2008年第5期。

351. 杨小林《国家博物馆藏青铜编钟赏析》,《中国文物科学研究》,2008年第6期。

352. 王子初、邵晓洁《叶县旧县4号墓编钟的音律分析》,《音乐研究》,2008年第7期。

353. 柯立《闻听湖北曾侯乙编钟原声》,《长江日报》,2008年8月6日。

354. 陈万、胡郁青《"礼崩乐坏"之"乐坏"——编钟篇》,《民族音乐》,2008年第9期。

355. 衣晓莺、李卉《编钟的世界》,《山东农业大学学报(社会科学版)》,2008年第8期。

356. 方政军《湖北浠水发现4件周代编钟》,《人民日报》(海外版),2008年10月6日。

357. 胡祥修、何格非《浠水巴河出土周代编钟》,《湖北日报》,2008年10月9日。

358. 何格非《浠水挖砂船在巴河淘出四件周代编钟》,《黄冈日报》,2008年9月28日。

359. 薛琴娜、辛娜娜《浅析虢季编钟》,《科技创新导报》,2008年第11期。

360. 胡家喜《青铜编钟修复中的矫形定位装置及其使用》,《江汉考古》,2008年第11期。

361. 李虎、田可文《曾侯乙编钟的"套数""编列"及其件数隐意》,《乐府新声(沈阳音乐学院学报)》,2008年第12期。

362. 朱黎光《先秦时期编钟文化述略》,《新闻爱好者(理论版)》,2008年第12期。

363. 晋嗣伯《自制教具"管编钟"》,《北京房山年鉴》,方志出版社,2009年。

364. 陈远方《编钟》,《兴宁年鉴》,广西人民出版社,2009年。

365. 文勇《7月30日,影片〈曾侯乙编钟传奇——凤舞天下〉在烈山炎帝神农故里举行新闻发布会暨开机仪式》,《随州年鉴》,湖北人民出版社,2009年。

366. 文勇《12月8日,中国·随州首届编钟文化节开幕式在随州博物馆门前广场举行》,《随州年鉴》,湖北人民出版社,2009年。

367. 庾莉萍《国宝金编钟历险记》,《档案时空》,2009年第1期。

368. 赵晓龙《子犯编钟铭文补释》,《文物世界》,2009年第1期。

369. 陈欣《曾侯乙编钟与兴山三音歌关系之测音研究》,《南京艺术学院学报(音乐与表演版)》,2009年第2期。

370. 赵晓龙《子犯编钟铭文"西之六师"试解》,《西南交通大学学报(社会科学版)》,2009年第2期。

371. 欣弘编《1540 清乾隆　御制鎏金铜交龙钮云龙纹"仲吕"编钟錾"乾隆八年制"楷书铭款》,《古董拍卖年鉴》,湖南美术出版社,2009年。

372. 王友华《先秦大型组合编钟研究》,中国艺术研究院博士学位论文,2009年。

373. 黄敬刚《从曾侯乙编钟看古代曲悬与轩悬制度》,《黄钟》,2009年第4期。

374. 王洪军《一套抑或数套乎?——曾侯乙编钟编制问题之我见》,《黄钟》,2009年第4期。

375. 李幼平、钟鸣寰宇《律动千秋——纪念曾侯乙编钟出土30周年国际学术研讨会综述》,《黄钟》,2009年第4期。

376. 方建军《论美国赛克勒所藏编钟》,《黄钟》,2009年第4期。

377. 胡家喜、曾晓雁、张翔、高明、余文扬《九连墩战国编钟形声复原研究》,《文物保护与考古科学》,2009年第5期。

378. 向文、乔睛《幽眠两千载　求索三十年——纪念曾侯乙编钟出土30周年学术活动综述》,《人民音乐》,2009年第6期。

379. 王安潮《纪念曾侯乙编钟出土三十周年国际学术活动述评》,《天津音乐学院学报》,2009年第6期。

380. 蒲亨建《曾侯乙编钟律制归属问题研究中的逻辑思维问题》,《星海音乐学院学报》,2009年第6期。

381. 韩晓玲、姚远《九连墩编钟再奏千古绝响》,《湖北日报》,2009年8月7日。

382. 李凯《晋侯苏编钟所见的西周巡狩行为》,《文物春秋》,2009年第10期。

383. 陈薇《青铜编钟研究源流略考》,《船山学刊》,2009年第10期。

384. 陈东生、贾彩丽、宦强《影响"水杯编钟"音调变化的实验研究》,《大学物理》,2009年第11期。

385. 欣弘《121　清　18世纪　仿古白玉编钟连碧玉座》,《古董拍卖年鉴》,湖南美术出版社,2010年。

386. 高智伟《青铜编钟展》,《北京年鉴》,北京出版社,2010 年。

387. 欣弘《1818　清康熙　御制鎏金铜交龙钮云龙纹“无射”、“夹钟”编钟各一枚》,《古董拍卖年鉴》,湖南美术出版社,2010 年。

388. 任广明《西周至战国时期的曾侯乙编钟》,《戏剧之家(上半月)》,2010 年第 5 期。

389. 张水湘、李志鸿《汉代编钟首现茶陵》,《长沙晚报》,2010 年 6 月 21 日。

390. 王子初《粗陋的珍宝——江苏常熟博物馆所藏完颜璹编钟辨伪》,《中国音乐学》,2010 年第 7 期。

391. 高西省《晋侯苏编钟的形制特征及来源问题》,《文物》,2010 年第 8 期。

392. 王清雷《长安马王村编钟的音乐学研究》,《文物》,2010 年第 9 期。

393. 程远《清式青铜编钟的调音》,《安徽经济报》,2010 年 9 月 28 日。

394. 张建荣、蔡元璋《我国最大乐器博览馆在泰兴开馆》,《经理日报》,2010 年 10 月 12 日。

395. 叶正渤《亦谈晋侯稣编钟铭文中的历法关系及所属时代》,《中原文物》,2010 年第 10 期。

396. 桂运安、曾皓《科大“磁悬浮编钟”亮相闭幕式》,《安徽日报》,2010 年 11 月 1 日。

397. 包东喜、徐王俊《随州编钟敲响上海世博闭幕式》,《湖北日报》,2010 年 11 月 2 日。

398. 余红英《周代编钟乐悬》,《艺术教育》,2010 年第 12 期。

399. 王阳坤、石守京《编钟古乐之乡——随州市》,《中国老区建设》,2010 年第 12 期。

400. 田可文、惠斌《我院东方中乐团“华韵楚风——大型民族管弦乐与编钟音乐会”在国家大剧院上演》,《黄钟》,2011 年第 1 期。

401. 刘玉堂、张硕《文化史视野下的曾侯乙编钟》,《武汉大学学报(人文科学版)》,2011 年第 3 期。

402. 方建军《子犯编钟音列组合新说》,《交响(西安音乐学院学报)》,2011 年第 3 期。

403. 王宏蕾《编钟双音技术的流变》,中国艺术研究院硕士学位论文,2011 年。

404. 黄晋烨《从曾侯乙编钟论传统美术表现技法》,《湖北社会科学》,2011 年第 4 期。

405. 陈艳《许灵公墓出土编钟音乐文化因素分析》,《中原文物》,2011 年第 4 期。

406. 黄青山、梁锦弟《数千年青铜编钟亮相雅乐荟》,《深圳商报》,2011 年 5 月 12 日。

407. 龚雪、侯宪福《湖北编钟国乐团将二进国家大剧院》,《湖北日报》,2011 年 5 月 26 日。

408. 张卉、吴毅强《戎生编钟铭文补论》,《考古与文物》,2011 年第 6 期。

409. 岑东明、董亚巍《从浠水巴河编钟特征看两周时代编钟的范铸技术》,《江汉考古》,2011 年第 6 期。

410. 王宏蕾《汉代编钟音乐性简析》,《大众文艺》,2011 年第 6 期。

411. 刘夜《八音和鸣别样灵地楚风　黄钟大吕一展盛世华韵——听东方中乐团“华韵楚风”大型民族管弦乐与编钟音乐会有感》,《黄钟》,2011 年第 7 期。

412. 冯丽娜《礼乐文化与沂蒙文化——临沂出土编钟的音乐文化学思考》,《临沂大学学报》,2011 年第 8 期。

413. 杨伟微《新出子犯编钟铭文史料价值初探》,《文物鉴定与鉴赏》,2011 年第 8 期。

414. 武际可《编钟遐想》,《大众科技报》,2011 年 8 月 16 日。

415. 王清雷《章丘洛庄编钟的音乐学研究》,《黄钟》,2011 年第 10 期。

416. 刘英主编《天坛明代鎏金铜编钟参展“复兴之路”大型展览》,《北京市公园年鉴》,北京市公园管理中心,2011 年。

417. 谭德睿《曾侯乙编钟——世界音乐史的奇葩——〈中国古代艺术铸造系列图说〉之六十六》,《特种铸造及有色合金》,2012 年第 6 期。

418. 方建军《钟离国编钟编镈研究》,《中国音乐学》,2012 年第 7 期。

419. 程光昕《天坛仿制明代鎏金铜编钟》,《北京市公园年鉴》,北京市公园管理中心,2012 年。

420. 明海英《湖北首次出土西周楚国国君用编钟》,《中国社会科学报》,2012 年 8 月 20 日。

421. 谭德睿《金编钟——清帝大典专用宫廷乐器——〈中国古代艺术铸造系列图说〉之六十九》,《特种铸造及有色合金》,2012 年第 9 期。

422. 宜昌博物馆《宜昌万福垴编钟出土及遗址初步勘探》,《中国文物报》,2012 年 9 月 28 日。

编　磬

1.《湖北江陵发现的楚国彩绘石编磬及其相关问题》,《考古》,1972 年第 5 期。

2.《殷墟出土的陶水管和石磬》,《考古》,1976 年第 1 期。

3. 常任侠《古磬》,《文物》,1978 年第 7 期。

4. 黄翔鹏《曾侯乙钟、磬铭文乐学体系初探》,《音乐研究》,1981 年第 3 期。

5. 裘锡圭、李家浩《曾侯乙墓钟磬铭文释文说明》,《音乐研究》,1981 年第 3 期。

6.《随县曾侯乙墓钟磬铭文释文》,《音乐研究》,1981 年第 3 期。

7. 童始步《曾侯乙墓编磬复制成功》,《乐器》,1981 年第 12 期。

8. 范毓周《关于殷墟 1973 年出土石磬的纹饰》,《文物》,1982 年第 7 期。

9. 李成渝《曾侯乙编磬的初步研究》,《音乐研究》,1983 年第 3 期。

10. 黄翔鹏《钟磬复制的研究成果》,《人民音乐》,1983 年第 4 期。

11. 李纯一《曾侯乙墓编磬铭文和研》,《音乐艺术》,1983 年第 4 期。

12. 郑瑞丰、张义成《喀喇沁旗发现夏家店下层文化石磬》,《文物》,1983 年第 8 期。

13. 张肖虎《千年钟磬复鸣 11 盛楚文明再现》,《人民音乐》,1983 年第 11 期。

14. 张宝成、徐雪仙《微计算机用于磬音的分析》,《乐器》,1983 年第 12 期。

15. 张宝成、徐雪仙《微计算机用于磬音的分析(续)》,《乐器》,1984 年第 3 期。

16. 冯光生、徐雪仙《战国曾侯乙编磬的复原及相关问题的研究》,《文物》,1984 年第 5 期。

17. 徐雪仙、冯光生《编磬音时程特性的分析》,《乐器》,1984 年第 6 期。

18. 徐雪仙、冯光生《编磬音时程特性的分析(续)》,《乐器》,1984 年第 8 期。

19. 李成渝《磬簴编列辨证——曾侯乙编磬研究之二》,《中央音乐学院学报》,1984 年第 9 期。

20. 耿玉儒《孔子击磬处》,《齐鲁学刊》,1985 年第 3 期。

21. 海鸥《古乐器玉磬在苏州试制成功》,《乐器》,1985 年第 5 期。

22. 李映明《古磬何自鸣》,《乐器》,1985 年第 8 期。

23. 高野《古代的磬》,《文博》,1985 年第 10 期。

24. 百归《钟律学坛上的一朵鲜花——〈随县曾侯乙墓钟磬铭辞研究〉简介》,《中国音乐》,1985 年第 12 期。

25. 闻人军《"磬折"的起源与演变》,《杭州大学学报(自然科学版)》,1986 年第 5 期。

26. 方建军《侯家庄——1217 号大墓的磬和鼓》,《交响(西安音乐学院学报)》,1988 年第 9 期。

27. 曹定云《殷代的"竹"和"孤竹"——从殷墟"妇好"基石磬铭文论及辽宁喀左北洞铜器》,《华夏考古》,1988 年第 9 期。

28. 张龙海《临淄韶院村出土铭文石磬》,《管子学刊》,1988 年第 9 期。

29. 陶富海《山西襄汾大崮堆山发现新石器时代石磬坯》,《考古》,1988 年第 12 期。

30. 高鸿祥《曾侯乙钟磬编配技术研究》,《黄钟》,1988 年第 12 期。

31. 李纯一、方建军《考古发现先商磬初研》,《中国音乐学》,1989 年第 4 期。

32. 方建军《西周磬与〈考工记・磬氏〉磬制》,《乐器》,1989 年第 5 期。

33. 方建军《商代磬和西周磬》,《文博》,1989 年第 6 期。

34. 贾延利《"磬任之邪"辨正》,《国医论坛》,1989 年第 6 期。

35. 方建军《洛阳中州大渠出土编磬试探》,《考古》,1989 年第 9 期。

36. 应有勤、孙克仁《曾侯乙编磬"间音"新解与编列研究》,《中国音乐学》,1989 年第 12 期。

37. 史新民《大五声佛——钟磬与民族室内乐队》,《黄钟》,1990 年第 4 期。

38. 徐康荣《莱顿出版的〈磬〉》,《黄钟》,1991 年第 7 期。

39. Thomas D. Rossing、蔡健敏《中国磬的声学》,《声学学报》,1991 年第 10 期。

40. 王滨、贾志强《五台县阳白遗址龙山特磬及相关问题》,《中国音乐学》,1991 年第 12 期。

41. 幸晓峰《广汉石磬和古巴蜀磬乐》,《四川文物》,1992 年第 12 期。

42. 徐徐《钟击磬图》,《荆州师专学报》,1992 年第 6 期。

43. 方秀珍《曾侯乙墓钟磬虡的装饰造型》,《四川文物》,1993 年第 6 期。

44. 高文厚《中国音乐研究欧洲基金会〈磬〉的近年回顾》,《中国音乐年鉴》,文化艺术出版社,1994 年。

45. 乔建中(名誉)《附:目录中国音乐研究欧洲基金会信息通讯〈磬〉第一号 ~ 第三号(1990 年春 ~ 1991 年春)》,《中国音乐年鉴》,文化艺术出版社,1994 年。

46. 乔建中(名誉)《中国音乐研究欧洲基金会学报〈磬〉第四号 ~ 第七号(1991 年秋 ~ 1993 年秋)》,《中国音乐年鉴》,文化艺术出版社,1994 年。

47. 韩府《钟鼓喤喤　磬筦将将——浅谈〈诗经〉中的乐器》,《乐器》,1994 年第 6 期。

48. 王霖《古磬与礼仪》,《南京艺术学院学报(音乐及表演版)》,1994 年第 8 期。

49. 韩府《钟鼓喤喤　磬筦将将——浅谈〈诗经〉中的乐器[续]》,《乐器》,1994 年第 8 期。

50. 蒲亨强、蒲亨建《清磬一声凉月高——西岳华山道乐》,《音乐爱好者》,1994 年第 8 期。

51. 张广文《清乾隆朝宫廷玉磬的制作与使用》,《紫禁城》,1995 年第 2 期。

52.《五度双音石编磬简介》,《乐器》,1995 年第 4 期。

53. 刘永平《三昧》(埙、磬、瑟三重奏),《黄钟》,1995 年第 9 期。

54. 陈慧珊《"东亚之声"——荷兰〈磬〉中国音乐研究欧洲基金会第二届国际研讨会纪要》,《中国音乐年鉴》,文化艺术出版社,1996 年。

55. 谭白明《话说青铜猪磬》,《乐器》,1996 年第 3 期。

56. 余文扬、马业平《楚磬清音》,《乐器》,1996 年第 2 期。

57. 吴硕贤《石磬与音乐柱》,《艺术科技》,1997 年第 5 期。

58. 李学勤《西汉晚期宗庙编磬考释》,《文物》,1997 年第 5 期。

59. 王子初《珠海郭氏藏西汉宗庙编磬研究》,《文物》,1997 年第 5 期。

60. 郭汉东《近年出土的西汉宗庙编磬》,《文物》,1997 年第 5 期。

61. 胡建《龙山石磬初探》,《文物季刊》,1997 年第 6 期。

62. 吕道明《"磬"与古"砭术"》,《前进论坛》,1997 年第 10 期。

63. 张德俊、程建政、朱念秋《编磬振模及声场的近场声全息模拟研究》,《无损检测》,1997 年第 11 期。

64. 韩森《从编磬和磬石谈起》,《中外建筑》,1998 年第 8 期。

65. 应有勤《曾侯乙编磬的悬法与旋宫》,《黄钟》,1998 年第 9 期。

66. 马春莲《钟磬在雅乐中的地位和作用》,《河南教育学院学报(哲学社会科学版)》,1998 年第 12 期。

67. 胡雨帆《灵璧奇磬天下闻》,《化石》,1999 年第 1 期。

68. 张丽《山西大同市博物馆收藏的一件特大石磬》,《考古》,1999 年第 2 期。

69. 柯时若《特制"天地铜磬"在千年之交敲响》,《黄石年鉴》,湖北人民出版社,2000 年。

70. 程建政、张德俊《编磬振动特性的声全息研究》,《声学学报》,2000 年第 1 期。

71.《磬成 USB 抽取盒》,《现代电子技术》,2000 年第 1 期。

72. 项阳《山西商以前及商代特磬的调查与测音分析》,《考古》,2000 年第 11 期。

73. 谷杰《达钟磬音数之理　拓古乐新声之道——武汉音乐学院曾侯乙墓古乐器研究及钟磬乐作品编创、演奏实践回眸》,《黄钟》,2000 年第 12 期。

74.《玉雕兽面纹磬》,《古董拍卖年鉴》,湖南美术出版社,2001 年。

75.《吉磬摆件》,《古董拍卖年鉴》,湖南美术出版社,2001 年。

76.《白玉提磬执灵芝纹童子佩一件》,《古董拍卖年鉴》,湖南美术出版社,2001 年。

77. 李学勤《秦怀后磬研究》,《文物》,2001 年第 1 期。

78. 曹玉山、刘斌《专家说:钟磬是此次洛庄汉墓的最重大发现》,《走向世界》,2001 年第 4 期。

79. 高蕾《河南省出土石磬初探》,《中原文物》,2001 年第 10 期。

80. 杨才玉《康乃磬》,《中国收藏年鉴》,中国大百科全书出版社,2002 年。

81. 杨华《碧玉龙首谷纹磬》,《古董拍卖年鉴》,湖南美术出版社,2002 年。

82. 杨华《白玉双鱼磬形佩》,《古董拍卖年鉴》,湖南美术出版社,2002 年。

83. 王子初《石磬》,《乐器》,2002 年第 3 期。

84. 王子初《石磬续篇》,《乐器》,2002 年第 4 期。

85. 高蕾《中国早期石磬述论》,中国艺术研究院硕士学位论文,2002 年。

86. 陈应时《曾侯乙钟磬铭文疑难字释义述评》,《音乐艺术》,2002 年第 9 期。

87. 蒋志祥、张涤新《古磬发新音》,《吉林日报》,2002 年 11 月 23 日。

88. 张传伦《古石的另制石磬》,《收藏家》,2002 年第 12 期。

89. 黎昌政、张军《九连墩:已出土文物五百件》,《新华每日电讯》,2002 年 12 月 23 日。

90. 赵世纲《曾侯乙钟磬与中原钟磬之比较》,《华夏考古》,2002 年第 12 期。

91. 陈佩芬《说磬》,《上海博物馆集刊》,2002 年第 12 期。

92.《青白玉磬》,《古董拍卖年鉴》,湖南美术出版社,2003 年。

93. 郝福祥、布瀛洲《从磬钱、猪首人身玉雕谈起——为龙之祖探源》,《寻根》,2003 年第 2 期。

94. 王安潮《石磬形态通考》,上海音乐学院硕士学位论文,2003 年。

95. 幸晓峰《巫山出土陶响器、石埙、石磬考略》,《四川文物》,2003 年第 4 期。

96. 王安潮《先秦音乐美学思想对曾侯乙钟磬形成的影响》,《交响(西安音乐学院学报)》,2003 年第 12 期。

97. 古董拍卖年鉴编委会《白玉磬》,《古董拍卖年鉴》,湖南美术出版社,2004 年。

98. 胡运钊《制成现代"彩绘磬王"》,《湖北年鉴》,湖北人民出版社,2004 年。

99. 丁焕新《宜兴古建筑　磬山塔林》,《宜兴年鉴》,湖北人民出版社,2004 年。

100. 林枫、子荫《我国古代的打击乐器磬》,《音乐天地》,2004 年第 3 期。

101. 王子初《石磬的音乐考古学断代》,《中国音乐学》,2004 年第 4 期。

102. 高蕾《西周磬研究综论》,《南京艺术学院学报(音乐与表演版)》,2004 年第 5 期。

103. 晓阳《周公庙遗址大墓出土迄今最大的西周石磬》,《陕西日报》,2004 年 12 月 11 日。

104. 梁学义《青铜鱼、磬、戈是古币吗?》,《中国商报》,2004 年 12 月 16 日。

105. 蒋无间《玉振清音彻广宇——编磬》,《音乐生活》,2005 年第 1 期。

106. 王国道《"黄河磬王"现喇家》,《中国文物报》,2005 年 1 月 7 日。

107. 王安潮《石磬的形态研究》,《中国音乐学》,2005 年第 1 期。

108. 孙淮滨《磬石之乡——灵璧》,《中国地名》,2005 年第 3 期。

109. 王安潮《对曾侯乙编磬"闲(间)音"的再认识》,《南京艺术学院学报(音乐与表演版)》,2005 年第 5 期。

110. 郑祖襄《出土磬和编磬的考古类型学分析》,《黄钟》,2005 年第 9 期。

111. 王安潮《从早期的石磬形制看石磬的起源》,《中国音乐》,2006年第1期。

112. 王安潮《编磬的乐律学研究》,《南京艺术学院学报(音乐与表演版)》,2006年第1期。

113. 刘新红《对花园庄M54出土编铙、石磬的考察报告》,《黄钟》,2006年第4期。

114. 张珏娟、何茜、黄里《石磬沉睡3000年》,《四川日报》,2006年6月11日。

115. 赵斌《石磬破土》,《成都日报》,2006年6月11日。

116. 苑坚、侯大伟《出土商代石磬 金沙遗址又有重大发现》,《新华每日电讯》,2006年6月11日。

117. 刘裕国《金沙遗址考古再获重大发现》,《人民日报》,2006年6月12日。

118. 苑坚、侯大伟《出土商代石磬 金沙遗址又有重大发现》,《西部时报》,2006年6月16日。

119. 张传伦《古石的另制:石磬》,《艺术与投资》,2006年第9期。

120. 赵千立《战国磬形币》,《收藏界》,2006年第12期。

121. 黄继妍《"窑玉瓷"集四美震惊业界》,《江西日报》,2006年12月15日。

122. 王安潮《曾侯乙编磬铭文校释及初步研究》,《浙江艺术职业学院学报》,2006年第12期。

123. 《白玉雕八宝纹磬》,《古董拍卖年鉴》,湖南美术出版社,2007年。

124. 陈现刚《石制古乐器——磬》,《石材》,2007年第1期。

125. 王子初《中国青铜乐钟的音乐学断代——钟磬的音乐考古学断代之二》,《中国音乐学》,2007年第1期。

126. 萧易《金沙石磬 敲响三千年古蜀》,《成都日报》,2007年2月12日。

127. 刘来根《来自远古洞窟的天籁之音》,《中国文化报》,2007年3月8日。

128. 孙琛《考工记·磬氏验证》,中国艺术研究院硕士学位论文,2007年。

129. 梁冬梅《从笙磬、颂磬看古代中国音乐文化》,《黄钟》,2007年第4期。

130. 程起骏《漫话黄河磬王与喇家遗址》,《柴达木开发研究》,2007年第4期。

131. 王安潮《也谈曾侯乙编磬乐律铭文中的音阶问题》,《南京艺术学院学报(音乐与表演版)》,2007年第5期。

132. 李凤举《喀喇沁旗出土的夏家店下层文化石磬》,《内蒙古文物考古》,2007年第6期。

133. 任义玲《南阳博物馆藏宋代铭文铜磬考》,《中原文物》,2007年第8期。

134. 方建军、郑中《洛庄汉墓14号陪葬坑编磬的组合、编次和音阶》,《中国音乐学》,2007年第10期。

135. 任宏《山西出土石磬研究》,《天津音乐学院学报》,2007年第12期。

136. 夏宏茹、梁泽峰《山西襄汾县张槐遗址出土大型石磬》,《考古》,2007年第12期。

137. 《白玉八宝纹磬》(配架),《古董拍卖年鉴》,湖南美术出版社,2008年。

138. 张龙海、张爱云《齐国故城内发现一件带铭文石磬》,《文物》,2008年第1期。

139. 方建军《乾隆特磬、编磬与中和韶乐》,《黄钟》,2008年第1期。

140. 杜娟《编磬源流》,中国艺术研究院硕士学位论文,2008年。

141. 邵志培《对青田编磬的研制与改革——从改变制磬材质、几何形态看编磬的继承与发展》,《乐器》,2008 年第 8 期。

142. Paula Rees《磬》,《中国西南设计年鉴》,四川美术出版社,2009 年。

143. 张希扬《编磬》,《临淄年鉴》,齐鲁书社,2009 年。

144. 张国平《磬石玺印》,《山东旅游商品年鉴》,山东人民出版社,2009 年。

145. 许振红《磬石镇纸》,《山东旅游商品年鉴》,山东人民出版社,2009 年。

146. 战红卫《中华编磬》,《山东旅游商品年鉴》,山东人民出版社,2009 年。

147. 欣弘《古董拍卖年鉴》,湖南美术出版社,2009 年。

148. 张成志《从“黄河磬王”谈石磬的起源》,《中国土族》,2009 年第 3 期。

149. 申永峰、吴磊《古磬溯源》,《收藏家》,2009 年第 4 期。

150. 邓懿《山西出土先秦时期磬类乐器中的科学技术研究》,山西大学硕士学位论文,2009 年。

151. 何堂坤、李银德、李恒贤《宋代锣钹磬的科学分析》,《考古》,2009 年第 7 期。

152. 陈殿《汉代礼乐中的钟磬乐》,《天津音乐学院学报》,2009 年第 8 期。

153. 孙琛《从两周石磬的博谈〈考工记〉的国别和年代》,《乐府新声(沈阳音乐学院学报)》,2009 年第 4 期。

154. 张伟《关于殷墟出土磬的几点探讨》,《中国音乐学》,2010 年第 1 期。

155. 郭学东《泗滨浮磬与蚌埠奇石》,《蚌埠日报》,2010 年 4 月 23 日。

156. 汪永安《灵璧研制磬石乐器申请专利》,《安徽日报》,2010 年 8 月 17 日。

157. 方建军《秦子镈及同出钟磬研究》,《中国音乐学》,2010 年第 10 期。

158. 吴红松《释磬》,《考古与文物》,2010 年第 12 期。

159. 邓懿《浅析山西出土先秦时期磬类乐器的发展特点》,《黄河之声》,2011 年第 1 期。

160. 李春耕《山西磬石与北京马拉松签署市场开发协议》,《山西日报》,2011 年 4 月 12 日。

161. 马艳平、贺振宇《皖北灵璧磬云石的岩石学和地球化学研究》,《中国地质》,2011 年第 6 期。

162. 魏国锋、秦颍《九连墩楚墓出土璧玉、石磬和镶嵌物的科学分析》,《江汉考古》,2011 年第 9 期。

163. 板俊荣《由第十五届“磬”中国音乐国际学术研讨会引起的思考》,《南京艺术学院学报(音乐与表演版)》,2012 年第 2 期。

164. 孙继、向德福《从红光村发掘的彩绘石磬看纪南城南郊祭祀》,《湖南工业大学学报(社会科学版)》,2012 年第 4 期。

165. 幸晓峰、王方《金沙遗址出土石磬初步研究》,《文物》,2012 年第 5 期。

166. 王秀萍《殷墟出土石磬音乐文化因素分析》,《交响(西安音乐学院学报)》,2012 年第 6 期。

167. 沈华山、于丹《“磬”能吹吗? ……》,《咬文嚼字》,2012 年第 8 期。

168. 王恩铭《天坛公园仿制特磬展陈》,《北京市公园年鉴》,北京出版社,2012 年。

169. 胡欢欢《论磬在现代传统祭祀活动中的运用》,《山西广播电视大学学报》,2012 年第 9 期。

钟离国

1. 阚绪杭、周群、钱仁发、唐更生《春秋钟离国墓的发掘收获》,《东南文化》,2009 年第 3 期。

2. 阚绪杭、周群、钱仁发《安徽蚌埠市双墩一号春秋墓葬》,《考古》,2009 年第 7 期。

3. 缪鹏《钟离国青铜器初步研究》,安徽大学硕士学位论文,2010 年。

4. 朱华东《钟离国历史与文化的考古学观察》,《安徽史学》,2011 年第 9 期。

5. 张志鹏《"钟离氏"族姓考》,《考古与文物》,2012 年第 4 期。

6. 金荣权《周代钟离国综考》,《蚌埠学院学报》,2012 年第 4 期。

7. 方建军《钟离国编钟编镈研究》,《中国音乐学》,2012 年第 7 期。

8. 安徽省文物考古研究所、蚌埠市博物馆《安徽蚌埠双墩一号春秋墓发掘简报》,《文物》,2010 年第 3 期。

9. 陈立柱、阚绪杭《钟离国史稽考》,《武汉科技大学学报》,2011 年第 6 期。

10. 刘信芳、阚绪杭、周群《安徽凤阳县卞庄一号墓出土镈钟铭文初探》,《考古与文物》,2009 年第 3 期。

三、建国以来钟磬文献资料的综述

(一) 概要

作为国之礼乐重器,青铜编钟在中国历史上居有重要地位,其发展演变过程可分为四个阶段:1) 西周以前是起源阶段,铜铙的出现为青铜编钟真正起步的标志。2) 西周至战国是发展阶段,青铜编钟的 3 种主要形制镈钟、甬钟、钮钟相继问世,一钟双音开始应用。西周礼乐制度的制定,则奠立了这一阶段青铜编钟发展到极盛的基础。3) 秦汉至清是衰落阶段,一钟应用双音的现象已经不再,青铜编钟的铸造水平跌入低谷。4) 清代以后为研究和制作阶段,曾侯乙编钟的复制及中华和钟的研制为此阶段影响较为重大的两项工作①。

北宋时期,已有人对编钟进行研究,且宋人的金石学已经涉及一些出土的古乐器,其大都是钟或磬之属,宋及以后的研究主要局限于乐器的形制、铭文、文字训诂和年代等方面。到近代的王国维,其金文研究不再停留于单字训诂,而是注意把青铜铭文和历史结合起来,之后郭沫若更是从历史学和古文字学的角度对编钟作了深入研究,其著作《两周金文辞大系图录考释》是先秦历史研究的重大成果,但这些研究的目的均不在音乐艺术本身。真

① 关晓武《青铜编钟的发展脉络》,《中国科技史料》,2001 年第 3 期。

正以音乐艺术为目的的编钟研究是从20世纪30年代开始的①。

这里仅对建国以来诸多学者对编钟、编磬的研究作一简单综述。

(二) 研究方法

建国以来，学术界对作为先秦礼乐重器编钟、编磬音乐性能的研究从未间断，且日臻成熟。研究角度涉及乐律学、历史学、仿生学、社会学、民族学、美术学、文字学、古代数学、物理声学、地理学、文化学及青铜铸造工艺学等多个领域。不同专业的学者在各自研究领域对编钟、编磬进行探讨时，除从某一专业角度出发外，都或多或少地要考虑编钟的音乐学、礼乐功能问题。所以，当我们回顾前人在编钟问题上的探索时，不得不将视野拓展到更广的领域，这种横向的把握有助于我们对前人在先秦音乐文化研究领域的贡献做出客观评价，更有助于目前研究的深入。从已有成果来看，对编钟、编磬的研究主要有以下几种类型：

1. 从测音、律学、单双音技术、声学等角度看编钟、编磬

由于编钟、编磬的发音是其核心价值所在，因此从测音、律学、单双音技术、声学等角度对编钟、编磬进行研究的文献较为丰富。修海林的《曾侯乙编钟六阳律的三度定律及其音阶型态》中通过指出曾侯乙墓成套编钟，其音响设计(标音铭文)所反映的战国早期(或更早)的古代乐律体制状况，对我国古代乐律学史的研究提出了不少新的课题。曾侯乙编钟从钟律实践的角度，向我们提供了有关先秦钟律的理论信息与实际音响型态，可以帮助我们认识先秦钟律(首先是曾钟体制)中诸如“(甫页)(角)——曾”结构在钟律生成中的独特律学思维方式②。郑荣达的《曾侯乙编钟复制的音律定位研究》在遵循双音钟内正、侧鼓音协和原则的前提下，通过对曾侯乙编钟铭文所隐含的律学内涵的分析、研究，探索了原设计音位的结构关系，提出了曾侯乙编钟十二律位的理论数据③。孔义龙的《两周编钟音列研究》以为，西周编钟的音列是以一弦等分节点为理论依据进行设置的。这一数理可追溯至晚商，而延续到春秋早期。在西周之际随钮钟出现并运用于东周编钟的9

① 孔义龙《两周编钟音列研究》，中国艺术研究院博士学位论文，2005年。

② 修海林《曾侯乙编钟六阳律的三度定律及其音阶型态》，《中国音乐》，1988年第4期。

③ 郑荣达《曾侯乙编钟复制的音律定位研究》，《黄钟》，1998年第9期。

件组设置模式中,正鼓音列始终呈现着按"徵—羽—宫—商—角"排序的五音,它应是与曾侯乙墓所出"均钟"的弦序相一致的五声[①]。郑中、方建军的《洛庄汉墓14号陪葬坑编钟、编磬声谱分析》指出,通过声谱检测和分析表明,洛庄编钟下层甬钟侧鼓音不明显,应属仅用正鼓音的单音编钟。上层钮钟正、侧鼓音分离度较好,且高音区的钟正、侧鼓音分离度强于低音区的钟。同时表明,低音区的钟高频分音较强,基音不是十分突出。洛庄编磬的发音,则随着音高的递增,基音越加清晰[②]。冯光生的《周代编钟的双音技术及应用》阐述成熟于西周中晚期的双音钟技术是一个失传的伟大发明。使用原生双音、铸生双音、铸调双音三个概念,着重从双音技术的角度,就双音钟的界定、双音技术的形成和应用范围等问题展开讨论,双音技术的应用难点在于低频甬钟。曾侯乙编钟的双音技术水平几乎达到了这一技术的极限。此研究有助于更加客观地评价和使用古编钟的音响资料[③]。Thomas D. Rossing、蔡健敏的《中国磬的声学》给出中国佛寺中使用的磬的声学特性,用全息干涉图方法研究了磬的振动模态,分析了自由悬挂和放在丝垫上两种情形下磬的声频谱[④]。王安潮的《编磬的乐律学研究》通过对有资料记载编磬的测音进行分析,探讨了编磬的乐律学发展脉络:编磬上三声、四声、五声音阶各有其主要结构模式,但这三种形式之间没有必然传承关系;进而又管窥了我国早期音阶的使用状况,以及在石磬这件古乐器上大量存在运用旋宫转调悬架编列的状况[⑤]。

2. 从仿生学角度看编钟

从仿生学角度看编钟,主要是指如何从已有的钟体表面的乐舞图案出发,采用动作捕捉技术手段、合理地进行想象,用真人或数字化等科技手段复原和展示当年的乐舞场面。如邵未、张倩的《面向编钟乐舞的动作捕捉技术的研究》简述了动作捕捉技术的原理,进而分析了实现编钟乐舞数字化的

---

① 孔义龙《两周编钟音列研究》,中国艺术研究院博士学位论文,2005年。

② 郑中、方建军《洛庄汉墓14号陪葬坑编钟、编磬声谱分析》,《音乐艺术(上海音乐学院学报)》,2007年第12期。

③ 冯光生《周代编钟的双音技术及应用》,《中国音乐学》,2002年第1期。

④ Thomas D. Rossing、蔡健敏《中国磬的声学》,《声学学报》,1991年第10期。

⑤ 王安潮《编磬的乐律学研究》,《南京艺术学院学报(音乐与表演版)》,2006年第1期。

技术难点，探讨了脚本设计和传感器布局方法，实现了对原有方案的改进，并且给出了动作捕捉技术在编钟乐舞数字化中应用的整体框架①。盛剑晖、邵未的《面向编钟乐舞的舞蹈动作编排系统的研究》阐述了面向编钟乐舞的虚拟角色的动作库制作过程，着重分析了舞蹈文法下的动作归类及其对应关系，探讨了基于情感模型下的动作风格鉴定理论，提出了通过对特征动作单元属性和关联约束的定义来实现动作衔接的方法，并给出该方法在动作编排系统中的应用框架②。杨程、孙守迁的《楚文化保护中编钟乐舞的复原与展示》则通过数字化技术对当时的文化空间和文化活动进行了动画模拟与再现，使用三维扫描、三维建模技术对编钟、青铜工艺品、漆器、人物、服饰及建筑进行三维模型重建，并对已经褪色的图像和文物的表面纹理进行图像复原。该方法与传统的文化保护方法相比，具有易接收性和娱乐性，有利于增强观众的现场体验感和关注度，增加文化传播的广度与深度③。

3. 从复原、复制、仿制等方面研究编钟

用科技手段对编钟、编磬的复原、复制、仿制等进行研究，则是一种较为严谨科学的方法。叶学贤、贾云福的《化学成分、组织、热处理对编钟声学特性的影响》指出编钟作为演奏乐器，其声学特性至关重要，编钟的声学特性主要决定于编钟的几何形状、结构尺寸和制作的材料，编钟作为双音乐器，钟声的音高和音色还与敲钟的位置和敲钟的工具和手法紧密相关④。贾陇生的《应用激光全息术测试古编钟的振动特性》一文说明了应用激光全息照相技术，用“时间平均法”测得了古编钟各基频、分频的振动模式，从而分析了古编钟的发音特性，为古编钟的复制研究工作提供了可靠依据⑤。林瑞、王玉柱的《中国淅川编钟的复制研究》详细阐述了哈尔滨科技大学、中国自

① 邵未、张倩《面向编钟乐舞的动作捕捉技术的研究》，《系统仿真学报》，2003年第3期。

② 盛剑晖、邵未《面向编钟乐舞的舞蹈动作编排系统的研究》，《系统仿真学报》，2005年第3期。

③ 杨程、孙守迁《楚文化保护中编钟乐舞的复原与展示》，《中国图象图形学报》，2006年第10期。

④ 叶学贤、贾云福《化学成分、组织、热处理对编钟声学特性的影响》，《江汉考古》，1981年第12期。

⑤ 贾陇生《应用激光全息术测试古编钟的振动特性》，《哈尔滨科学技术大学学报》，1986年第7期。

然科学史研究所和河南省文物研究所合作，对淅川编钟进行了复制研究工作，采用新的工艺方法成功地复制出淅川编钟，其钟形、几何尺寸、合金成分、金相组织、基频、振动模式以及音色等，均与原钟一致，经有关专家鉴定，认为：复制钟较好地反映了原编钟的特征和面貌①。谭维四、蒋朗蟾的《秦王编钟的复原研究》介绍了举世闻名的陕西秦始皇陵封土西北出土的秦代错金错银乐府钮钟、秦俑一号坑出土的无枚甬钟、宝鸡县太公庙出土的秦式公钟等复原研究和铸造成编的过程，并对其过程中的历史考证、理论原则以及在总体设计时的"定名"、"定型"、"定量"、"定音"、"定位"等原则，作了系统的阐述②。冯光生、徐雪仙的《战国曾侯乙编磬的复原及相关问题的研究》指出，曾侯乙编磬与曾侯乙编钟相伴而出，但因多数磬块破碎，故未能与曾侯乙编钟共享盛誉，因而决定探索复原的途径。复原工作自 1980 年 5 月起到 1981 年 8 月止，经过一番研究和琢磨后取得成功，同时也加深了我们对这种古老乐器的认识③。

4. 从历史断代、发展脉络等历史学角度解析编钟、编磬

从历史断代、发展脉络等角度对编钟、编磬进行解析，则是一种较为客观的说理。冯时的《春秋子犯编钟纪年研究——晋重耳归国考》指出春秋子犯编钟系近年新见之晋国重器，对编钟之纪年，作了较为详尽的阐述④。王子初的《中国青铜乐钟的音乐学断代——钟磬的音乐考古学断代之二》指出中国青铜乐钟的音乐学断代，是音乐考古学研究的一个热点。此文通过对与乐钟演奏手法相关的结构设计、与编钟音乐性能相关的内部结构特征、青铜乐钟调音时的磨砺手法以及乐器的音列音阶的组合关系的考察作断代研究，以图初步建立起中国青铜乐钟的音乐学断代标尺⑤。孔义龙的《20 世纪编钟音列研究述评》则是从编钟音列的单项研究上对其进行梳理。随着既往成果的积累和新材料的涌现，对两周编钟音列进行整体分析显得十分必

---

① 林瑞、王玉柱《中国淅川编钟的复制研究》，《哈尔滨科学技术大学学报》，1982 年第 7 期。

② 谭维四、蒋朗蟾《秦王编钟的复原研究》，《黄钟》，1996 年第 6 期。

③ 冯光生、徐雪仙《战国曾侯乙编磬的复原及相关问题的研究》，《文物》，1984 年第 5 期。

④ 冯时《春秋子犯编钟纪年研究——晋重耳归国考》，《文物季刊》，1997 年第 12 期。

⑤ 王子初《中国青铜乐钟的音乐学断代——钟磬的音乐考古学断代之二》，《中国音乐学》，2007 年第 1 期。

要，这种研究是进一步探讨先秦音乐文化尤其是先秦乐律的重要途径①。王友华的《先秦大型组合编钟研究》选取了大型组合编钟这一切入点，以大型组合编钟的演进历程为经，以青铜乐钟的编列和音列为纬，以乐悬制度为背景，在纷繁复杂的现象中耙梳理析，通过对编列的分析，理清青铜乐钟由单件使用至编列诞生，编列由小及大、由大而组合，组合由简单到复杂的演进轨迹，并理清不同类型青铜乐钟编列的不同演进线索②。胡建的《龙山石磬初探》指出石磬是中国古老传统的板状体鸣击奏乐器。据考古资料证实，最早的石磬出现在龙山时代，且发现有10件石磬。龙山时代是原始社会各种文化朝多样化方向发展的时代，由聚落形态组织向国家形态过渡。石磬作为一种石制品，经过演变，最终出现③。项阳的《山西商以前及商代特磬的调查与测音分析》指出特磬是中国古代历史上从新石器时代晚期至商代中期以前特有的敲击乐器，并对这种器物的起源、器形、制作工艺、分布、族属、年代、功能及其在文字学、文化学上的功能意义都作了阐述④。王子初的《石磬的音乐考古学断代》以石磬造型上可能与其音乐性能密切相关部分所含学理内核为依据，如在倨句的形成和规范，磬体的鼓、股分离及比例，磬底弧曲的形成等方面，以图分别建立起石磬发展历程的标尺⑤。关晓武的《中华青铜编钟的发展脉络研究》指出，古文献所载"炎帝之孙伯歧生鼓延，是始为钟"等关于中华青铜编钟的源起之说，都无从取证。《考工记》、宋代金石学著作和乾嘉学派对青铜编钟的所载所述，皆有所限。荟萃科技精华、融集诸多工艺于一体的青铜编钟，借考古发现得以震撼当世之人，鉴于此，文章对中华青铜编钟的发展脉络作了详尽的阐述⑥。

5. 从钟体铭文、纹饰图案、形制特征等对编钟进行考证

从钟体铭文、纹饰图案、形制特征等对编钟进行考证也是研究编钟的最

① 孔义龙《20世纪编钟音列研究述评》，《交响》，2006年第12期。
② 王友华《先秦大型组合编钟研究》，中国艺术研究院博士学位论文，2009年。
③ 胡建《龙山石磬初探》，《文物季刊》，1997年第6期。
④ 项阳《山西商以前及商代特磬的调查与测音分析》，《考古》，2000年第11期。
⑤ 王子初《石磬的音乐考古学断代》，《中国音乐学》，2004年第4期。
⑥ 关晓武《中华青铜编钟的发展脉络研究》，《机械技术史（2）——第二届中日机械技术史国际学术会议论文集》，2000年。

常见方法之一。李纯一的《曾侯乙编钟铭文考索》一文对曾侯乙编钟铭文做出考释,并对有关乐制等问题作了初步探索。一钲间纪事铭文仅有"曾侯乙乍(作)(口寺)(持)"五个字,其义甚明,即曾侯乙为本钟的作者和器主。从语法上讲,曾侯乙制作本钟必在生前。据骨架鉴定,曾侯乙死于四十五岁左右,而据同出楚王镈铭,当葬于楚惠王五十六年即公元前433年或稍后。假设曾侯乙是在二十五岁左右即位,而编钟的制作是在即位之年或之初,则其制作年代约当公元前450年前后①。钟峻程的《中国古代的全音音阶——曾侯乙编钟钮钟铭文之启示》指出全音音阶(whole—tonescale)是西方近现代音乐理论中出现的名词,中国音乐是可能存在着全音音阶的,非但有,而且早在二千多年前的古代音乐中就已有之,曾侯乙编钟的铭文是一份对其最好的说明书。文章通过对铭文的探讨和研究,使我们对中国古代音乐有一真正的了解②。黄翔鹏的《曾侯乙钟、磬铭文乐学体系初探》一文从钟体铭文出发阐述先秦并没有"乐学"这个名词,但是我国的传统乐律学中确实存在"律学"和"乐学"两个主要方面。杰出的音乐学者朱载堉,创《律学新说》和《乐学新说》,开始把二者区分。由于乐、律的不可分割,历来混为一谈,朱载堉在《律学新说》中述及宫调和七声阶名问题时,还曾用了"是乃乐学千古不刊之正法也"这样的字句,以示区别③。王安潮的《曾侯乙编磬铭文校释及初步研究》指出,曾侯乙编磬上的铭文给我们展示了中国先秦时期的乐律学成就,但器上太多的残缺仍给理解带来困难。由此,有必要对其进行全面的校释和研究,使理解更为顺畅、深刻,为进一步的研究打下基础④。黄晋烨的《从曾侯乙编钟论传统美术表现技法》一文指出,曾侯乙编钟音律齐全、气势宏伟,是曾国百乐之首,在音色组合、律学涵义、演奏技法上体现了传统美术以色彩、节奏、线条表现意义的基本规律,也反映了传统美术与音乐的融合性⑤。方秀珍的《曾侯乙墓钟磬虡的装饰造型》指出悬挂编钟和

---

① 李纯一《曾侯乙编钟铭文考索》,《音乐研究》,1981年第3期。

② 钟峻程《中国古代的全音音阶——曾侯乙编钟钮钟铭文之启示》,《艺术探索》,2003年第12期。

③ 黄翔鹏《曾侯乙钟、磬铭文乐学体系初探》,《音乐研究》,1981年第3期。

④ 王安潮《曾侯乙编磬铭文校释及初步研究》,《浙江艺术职业学院学报》,2006年第12期。

⑤ 黄晋烨《从曾侯乙编钟论传统美术表现技法》,《湖北社会科学》,2011年第4期。

编磬的构架由立柱和横梁组成，各有其特定的名称；立柱横梁上都有漂亮的装饰，或为彩绘，或为雕铸。这些装饰图案不仅造型生动，结构和谐，而且设计者还依据被装饰物的不同种类，考虑到音响效果，将二者紧密相结合，形成完美的统一体①。孙继、向德福的《从红光村发掘的彩绘石磬看纪南城南郊祭祀》指出，1970年在距纪南城2公里处的红光村发现了一批绘有凤纹的石磬，通过对石磬和凤纹的研究，发现这批石磬与楚人的祭祀有着密切的联系，纪南城南郊有用于祭祀的祭坛。南郊祭祀对象是一个以祭祀至上神太一为主体，包括其他诸神在内的"百神"祭祀系统②。郑荣达的《试探先秦双音编钟的设计构想》指出中国古编钟作为演奏用的乐器，不仅须有坚固的钟体，其几何形状与尺度等形制还须满足音律的要求，即能获得准确的音频、优美的音色，并能发出两个准确的乐音③。戴祖义《编钟为什么是扁的》一文指出，钟是我国一古老乐器，它经过千百年的发展和使用，到商周时期就已出现了两种：一种是圆的大钟"镛"，一种是编钟。这两种钟在使用上有着根本性的区别：圆钟是在单独情况、场合下使用的，扁钟用于乐队演奏。扁钟与圆钟在发音上差异也很大，扁钟余音短，圆钟余音长④。王安潮的《石磬的形态研究》一文对石磬这一音乐史中礼乐合一的乐器进行宏观考索，通过对石磬本体形态要素即形制、纹饰、铭文、测音等分析研究，指出了各类石磬的形态特征、石磬形态的发展规律⑤。

6. 从文化学、区域文化角度对编钟、编磬进行比对研究

从文化学、区域文化角度对编钟、编磬进行比对研究是较为纵深的综合性研究。冯光生的《曾侯乙编钟文化属性分析》指出，源自周文化的楚文化在春秋中期才形成特色，但直到战国早期尚没能全面影响、渗透到楚的附庸——曾国。曾侯乙编钟循着西周已形成的编钟双音结构及规范而发展，沿着周钟的形制特点演进，它不是楚钟，也不是楚文化的产物，只是曾、楚及

① 方秀珍《曾侯乙墓钟磬虡的装饰造型》，《四川文物》，1993年第6期。

② 孙继、向德福《从红光村发掘的彩绘石磬看纪南城南郊祭祀》，《湖南工业大学学报（社会科学版）》，2012年第4期。

③ 郑荣达《试探先秦双音编钟的设计构想》，《黄钟》，1988年第12期。

④ 戴祖义《编钟为什么是扁的》，《云岭歌声》，2002年第11期。

⑤ 王安潮《石磬的形态研究》，《中国音乐学》，2005年第1期。

其他国家音乐交流的工具。我们应该把它放在周文化的范畴来审视①。方建军的《曾侯乙编钟的音乐文化基质》指出，曾侯乙编钟的音乐文化基质包含了两种成分：一种是楚音乐文化，另一种是以周为主的中原音乐文化。它既非纯粹的周体系，也非全然的楚体系，而是周、楚音乐文化的兼容并蓄。从曾侯乙编钟的整体情况观照，楚音乐文化的因素应稍多一些，表现出曾国音乐文化相当的开放性和对他国音乐文化的兼容性②。

王洪军的《出土东周中原体系青铜编钟概况》首次对来自7个不同省份的、出土东周中原体系青铜编钟的有关资料进行了汇集，有所分析与取舍地对编钟或与编钟有关的10例测音资料作了介绍③。王洪军的另一篇文章《出土东周中原体系青铜编钟编制区域特征探讨》在前人对先秦青铜编钟分区研究的基础上，进一步将中原体系青铜编钟分为4个地段、5个时间段，对编钟编制特征作出了区域性探讨，并追溯了这一时期渭—黄、淮—汉、黄河下游、长江下游4个不同地段的钟乐乃至音乐生活状况④。王清雷的《山东地区两周编钟的初步研究》阐述西周时期，山东地区主要有齐、鲁两大诸侯国，文章从音乐考古学的角度对迄今发现在该地的编钟作系统研究，对周代的礼乐制度、齐鲁音乐文化等诸多方面亦有重要的学术见解⑤。杨匡民的《楚编钟与民歌音阶的比较》论述了楚编钟音阶与当今楚地民歌音阶之关系，让我们认识到民间歌曲这一特质文化历经几千年的相对变化与稳定的传承关系⑥。高蕾的《河南省出土石磬初探》一文对河南这一区域出土石磬的时代、分布、形制、纹饰、音乐性能等特征进行了分析研究。结果表明，河南石磬的发展繁荣阶段主要集中于商代（特磬）和东周时期（编磬），形制纹饰表现为由粗糙到精致、由素面到绘纹，再到刻纹、刻铭的发展趋势，音乐性能则体现了所属时代音乐理论的发展水平⑦。

① 冯光生《曾侯乙编钟文化属性分析》，《黄钟》，1998年第9期。
② 方建军《曾侯乙编钟的音乐文化基质》，《黄钟》，1998年第9期。
③ 王洪军《出土东周中原体系青铜编钟概况》，《黄钟》，1998年第6期。
④ 王洪军《出土东周中原体系青铜编钟编制区域特征探讨》，《黄钟》，2000年第9期。
⑤ 王清雷《山东地区两周编钟的初步研究》，《文物》，2006年第12期。
⑥ 杨匡民《楚编钟与民歌音阶的比较》，《交响》，1987年第7期。
⑦ 高蕾《河南省出土石磬初探》，《中原文物》，2001年第10期。

7. 从社会制度层面来论述编钟、编磬的礼仪、功能等

从社会制度层面来论述编钟、编磬的礼仪、功能等也是一个纵深的分支研究。曹玮、魏京武的《西周编钟的礼制意义》阐述"乐"与"礼"同是西周时期极为重要的制度,它不仅仅是使人赏心悦目、心旷神怡的舞乐形式,而且也是区分等级高下、尊卑贵贱的标尺之一。同时,通过乐的形式,把人们的思想行为、道德准则纳入统治者所要求的轨道①。黄敬刚的《从曾侯乙编钟看古代曲悬与轩悬制度》指出,在古代礼、乐制度中对铸钟作乐也要加以限制并有具体规定,这种制度就是"乐悬制度"。悬即悬挂之意。三面挂钟者为诸侯,实际上曾侯乙编钟和编磬为三面曲尺形,即轩悬。用编磬摆放代替的一面,形成三面,即郑注引郑司农云"轩悬,三面,其形曲"。三面悬挂钟才是"曲尺形"的"轩悬"②。佘红英的《周代编钟乐悬》一文也介绍了编钟乐悬作为周代宗法等级制度的一种物质载体,在标志着统治阶级等级身份的前提下,其种类、数目、音乐性能等的变化以及这种变化所客观反映的周代音乐艺术的发展、演变的历史过程③。马春莲的《钟磬在雅乐中的地位和作用》指出,在有着悠久历史的传统文化中,中国古典雅乐是近几年来得到发掘运用的珍贵遗产。在仿古雅乐的演奏配器中,钟磬被当成现代乐队的一员加以运用。该文对钟磬的形制、种类、在古代雅乐队中的独特地位以及在乐队演奏中的作用作了考证和说明,并吸收前人的研究成果,编制一段《诗经·关雎》的伴奏总谱,以作拟古之尝试④。陈殿的《汉代礼乐中的钟磬乐》也阐述了金石之乐是我国上古以来的礼乐传统,具有相当丰富的内涵。汉代的礼乐实践继承了上古礼乐传统,钟磬是主要的金石乐器⑤。胡欢欢的《论磬在现代传统祭祀活动中的运用》则指出磬是我国最古老的乐器之一,伴随着中国传统的礼乐合一制度,磬文化源远流长,在古代的各种礼仪庆典、丧葬祭祀中,磬都是不可或缺的伴奏。当然,现代的传统民俗活动和

① 曹玮、魏京武《西周编钟的礼制意义》,《南方文物》,1994 年第 6 期。

② 黄敬刚《从曾侯乙编钟看古代曲悬与轩悬制度》,《黄钟》,2009 年第 4 期。

③ 佘红英《周代编钟乐悬》,《艺术教育》,2010 年第 12 期。

④ 马春莲《钟磬在雅乐中的地位和作用》,《河南教育学院学报(哲学社会科学版)》,1998 年第 12 期。

⑤ 陈殿《汉代礼乐中的钟磬乐》,《天津音乐学院学报》,2009 年第 8 期。

古代相比有很大的变化,但磬的身影在这些活动中并没有销声匿迹,相反还起到一定的作用①。

8. 从音乐学角度对编钟、编磬进行综合研究

冯时的《曾侯乙编钟的所谓"变宫"问题》指出,中国的先秦时期是否已出现了七声调式音阶,这在中外学术界一直是一个悬而未决的课题。由于湖北随县曾侯乙墓编钟的发现和继而对它的积极研究,似乎当时已经采用七声调式音阶的结论正逐渐为大家所接受。之所以能够得出这个结论的重要根据是,钟铭中出现的"变宫"和"变徵",正是我国古代七声音阶中的第Ⅳ和第Ⅶ音②。崔宪的《曾侯乙编钟宫调关系浅析》一文中以曾侯乙编钟的铭文为依据,以测音数据为参照,以中国传统乐学理论"同均三宫"为出发点,将十二律各律高的"同均七律"音列分别考察,对音准质量与音准覆盖面、音位安排等方面进行综合分析,得到的结论是:曾侯乙编钟的十二律旋赋有一定的实践性,宫调关系上有远近次序的排定,体现了一定的组织逻辑。提出"核心三律"、"实践四宫"、"正声五均"、"自然六音"与"基本六均",及"六律之均"、"六间之均"等概念,提出"钟律"的非平均律律制③。王子初的《戎生编钟的音乐学内涵》一文介绍了北京保利博物馆所藏16件戎生编钟的保存、形制纹饰和内腔结构概况,对编钟结构和纹饰的科学内涵、调音锉磨手法进行了音乐学研究,对编钟现存音响作了音频测试研究和音阶结构分析,并依据以上各项研究的结果,为戎生编钟作了断代和音乐学鉴定④。王清雷的《章丘洛庄编钟的音乐学研究》指出,2000年章丘洛庄乐器群的出土震惊了音乐考古界,尤其被喻伟超先生盛赞为"西汉第一编钟"。文中详细介绍了这批编钟形制数据、调音情况、测音结果等,在此基础上,通过对《中国音乐文物大系》总编辑部、刘再生、郑中和方建军三家测音资料的辨析,提出了一些新的观点,使洛庄编钟的研究又上了一个新台阶⑤。方建

① 胡欢欢《论磬在现代传统祭祀活动中的运用》,《山西广播电视大学学报》,2012年第9期。
② 冯时《曾侯乙编钟的所谓"变宫"问题》,《考古》,1986年第7期。
③ 崔宪《曾侯乙编钟宫调关系浅析》,《黄钟》,1988年第12期。
④ 王子初《戎生编钟的音乐学内涵》,《中国音乐学》,1999年第10期。
⑤ 王清雷《章丘洛庄编钟的音乐学研究》,《黄钟》,2011年第10期。

军、郑中的《洛庄汉墓14号陪葬坑编磬的组合、编次和音阶》通过实物考察和测音分析表明，山东章丘洛庄汉墓14号陪葬坑出土的六套107件编磬均为音乐性能良好的实用乐器。前四套编磬的音阶结构全部相同，第二和第三套编磬甚至为同调，表明其制作具有统一的规范。第一套编磬与第二和第三套编磬的调高相差大三度，与第四套编磬的调高相差一律，乃为演奏不同调性的乐曲而设计①。

以上综述是对建国以来发表在各类学刊的近700篇有关钟磬文献资料以点带面的大概梳理和解读。这些文献资料让我们理解了有关钟磬乐器的生成、衍化、繁盛直至衰落的历程，这个历程也是我国礼乐制度的一部演化史，甚至也映射出我国历史发展中政治、经济、文化、军事、社会制度等方面的重大变革。这些文献资料除了对音乐学、美术学、律学、声学、美学研究具有重要意义外，在社会学、人类学、历史学、政治学、文化学、地理地质学等研究方面同样有着非凡的价值。

① 方建军、郑中《洛庄汉墓14号陪葬坑编磬的组合、编次和音阶》，《中国音乐学》，2007年第10期。

后　记

该书的由来应该说是一个偶然的机缘,它缘起2006年至2008年间安徽省蚌埠双墩一号春秋大墓的发掘。经蚌埠学院淮河文化研究中心朱光耀主任介绍,我们课题组有幸接受这次考古发掘的领队安徽省文物考古研究所研究员阚绪杭先生的盛邀,对出土钟磬乐器进行测律研究。很快课题组以浙江师范大学杨和平教授为首提出方案,精心组织对已发掘的几座钟离国贵族墓葬中的数套青铜编钟、编磬进行较系统测量、测音等方面的音乐学研究并计划成书出版。

史书中有关春秋时代钟离国的记载甚少,近几年出版、发表的少量有关钟离国研究的文献资料既不系统又多有争议。本书在钟磬乐器生成的文化生态环境、构成的谱系与特征、在音乐史上的传世经历与地位等方面作了一定的阐述。书中以最新发掘的钟离国钟磬乐器实物为研究对象,对钟离国贵族墓葬出土的近百件钟磬乐器(含残件)进行实地勘察,在取得一手资料的基础上,对钟离国的政治、经济、文化、军事等背景作了较为详实的描述与推测,对钟磬乐器作了较规范和符合考古学、乐律学原则的测量、测音,对其纹饰与铭文的含义作了说明与解读,对有关钟离国的墓葬、礼乐礼仪的规制及墓葬主人的生活背景和经历、地位也进行了说明。希望本书(本课题)能得到相关领域专家、学者以及读者的批评并提出意见和建议,以便我们及时改正。

感谢为本课题组提供资料,热心接待我们访谈,给我们提出建议的各位专家、学者;感谢为本书出版作了大量缜密校稿工作的苏州大学出版社薛华强、刘诗能、吴钰三位老师;感谢在图片整理编辑上做了大量工作的王康意、王鼎三两位学生;感谢蚌埠学院淮河文化研究中心、科研处、音乐系等部门领导、同仁的大力支持。

著　者

2013年3月16日